NCS
고객만족 서비스경영
Customer Satisfaction Service Management

Cengage

NCS Customer Satisfaction Service Management

Yae Kyung Hee
Ahn Yea Ji
Kim Hwa Young

ISBN-13: 978-89-6218-540-9

Cengage Learning Korea Ltd.
14F YTN Newsquare 76 Sangamsan-ro
Mapo-gu Seoul 03926 Korea

Printed in Korea
Print Number: 02 Print Year: 2025

NCS
고객만족 서비스경영

Customer Satisfaction Service Management

예경희 · 안예지 · 김화영 지음

Cengage

Australia • Brazil • Canada • Mexico • Singapore • United Kingdom • United States

예경희 서울대학교 졸업
한국항공대학교 대학원 졸업
전) 대한항공 상무대우 수석사무장
대한항공 객실승무본부 객실승원부 국제승원팀장
대한항공 객실승무본부 객실승원부 국내승원팀장
대한항공 객실훈련원 방송전임강사
대한항공 일반교육원 방송전임강사
중부대학교 항공서비스학과 교수
인하공업전문대학 항공운항과 교수
현) 디지털서울문화예술대학교 항공서비스학과 교수

안예지 고려대학교 졸업
고려대학교 교육대학원 졸업
전) 대한항공 인사전략실
대한항공 객실훈련원 전임강사
대한항공 객실승무본부 객실승무기획부 객실서비스계획팀
대한항공 라인팀장
대한항공 객실승무본부 객실승무기획부 객실지원팀
인하공업전문대학 항공운항과 겸임교수
대한항공 객실훈련원 교육훈련 기획
현) 청주대학교 항공서비스학과 교수

김화영 한양대학교 졸업
한양대학교 국제관광대학원 졸업
전) 인하공업전문대학 항공운항과 겸임교수
현) 대한항공 객실사무장

NCS
고객만족 서비스경영

Customer Satisfaction Service Management

초판 1쇄 발행 2022년 10월 14일
초판 2쇄 발행 2025년 8월 27일
지은이 예경희, 안예지, 김화영
발행인 탄록민(TAN LOCK MIN), 마이클 조셉 케이힐(MICHAEL JOSEPH CAHILL)
편집기획 김민정
발행처 센게이지러닝코리아(주)
등록번호 제313-2007-000074호(2007.3.19)
주소 서울시 마포구 상암산로 76 YTN 뉴스퀘어 14층
이메일 asia.infokorea@cengage.com
홈페이지 www.cengage.co.kr
ISBN-13 978-89-6218-540-9

정가 24,000원

머리말

뉴노멀(New Normal)과 디지털 리터러시(Digital Literacy)로 대표되는 4차 산업혁명의 도래는 오늘날 서비스 경제 시대의 변화를 가속화시키고 있으며, 이러한 흐름 속에 '고객 만족'은 서비스의 핵심 가치로 자리 잡은 지 오래이다. 기업들도 저마다 고객 지향적 서비스 경영을 선언하고 경쟁적으로 전략적 대안 마련에 힘쓰고 있지만, 고객 서비스 접점 현장에서 고객 만족과 더 나아가 고객 감동까지 이끌어 내기란 결코 쉽지 않다.

따라서 기업들은 고객 가치에 기반을 둔 핵심적이고 기술적인 측면에서의 고객 서비스 경영 전략을 제시할 필요가 있으며, 고객과 현장에서 상호작용하는 서비스 접점의 실무자들은 경쟁력을 갖춘 서비스 창출을 통해 전반적인 기업의 경영 전략을 이해하고 현업에 적용할 수 있는 전문 서비스 역량을 갖추는 것이 중요해졌다. 특히, 서비스 산업을 선도하는 항공사 객실 승무원에게도 서비스맨으로서 갖추어야 할 기본적인 자질만이 아니라 '고객 서비스 경영' 전반에 대한 올바를 이해를 통해 서비스 리더십(Leadership)과 바람직한 고객 관계 관리 역량이 요구되는 현실이다.

고객 만족과 관련된 기존 대다수의 교재들이 여전히 서비스 마인드 함양과 이미지 메이킹에 중점을 두었다면, 본 교재는 학생들이 'NCS 항공 객실 서비스' 내 '고객 만족 서비스'라는 능력 단위를 기반으로 '서비스 경영'과 관련된 다양한 개념 및 이론, 실무를 종합적으로 이해하도록 하는 데 주안점을 두었다.

본 교재의 제1부는 고객 서비스 개관(서비스 개념, 고객의 이해), 제2부는 고객 만족을 위한 서비스 관리(서비스 사람 관리, 서비스 프로세스 관리, 서비스 품질 관리), 제3부는 고객 만족을 위한 서비스 실무(이미지메이킹, 커뮤니케이션, 리더십)로 구성하여 서비스 경영 이론을 체계적으로 정리하였다. 또한 기존 서비스 경영서들과의 차별화를 위해 NCS 기반 항공 객실 서비스 업무 절차 및 상황별 객실 서비스 대화법, 실제 항공사의 고객 칭송/불만 사례연구를 통해 고객 서비스 만족도를 향상시키는 방안에 대해 학습자가 스스로 심화 학습을 할 수 있도록 하였다. 나아가, 본 교재에 수록된 서비스 경영 전반에 대한 개념 이해를 토대로 관련 자격증(국가 공인 CS Leaders 관리자, SMAT 경영 자격)을 취득할 수 있는 기본서로 활용하도록 집필하였다.

끝으로, 이 책이 항공 객실 승무원을 포함한 예비 항공 산업 종사자를 꿈꾸는 학생들에게 서비스 경영의 개념을 이해할 수 있는 기본 교재로 활용되어, 진정성 있는 서비스의 가치를 깨닫고 나아가 고품격 서비스 실무를 익히는 데 올바른 길라잡이가 되기를 진심으로 소망한다.

출간을 위해 따뜻한 도움을 주신 센게이지러닝 권오영 차장님, 김민정 대리님, 김묘선 편집자님, 그리고 인하공업전문대학 교수님들께 온 마음을 담아 감사의 인사를 전하는 바이다.

2022년 9월

저자 일동

차례

PART 02

고객 만족을 위한 서비스 관리

부록

NCS 교과 구성 : 고객 만족 서비스

■ NCS 항공 객실 서비스 직무의 분류 체계

대분류	중분류	소분류	세분류
이용/숙박 여행/오락 스포츠	관광/레저	여행 서비스	여행상품 개발 여행상품 상담 국내, 해외 여행 안내 항공 객실 서비스

분류 번호	능력 단위	능력 단위 요소	수준
1203010513-16v1	고객 만족 서비스	서비스 마인드 함양 이미지메이킹 불만 고객 대처	항목별 각 2수준*

* 항목별 각 2수준 설명

수준	직무 수준 정의
2수준	일반적인 지시 및 감독하에 해당 분야의 일반 지식을 사용하여 절차화되고 일상적인 과업을 수행하는 수준 [지식/기술] • 해당 분야의 일반 지식을 사용할 수 있는 수준 • 절차화되고 일상적인 과업을 수행하는 수준 [역량] • 일반적인 지시 및 감독하에 과업을 수행하는 수준 [경력] • 1수준에서 6~12개월 정도의 계속 업무 후 도달 가능한 수준

■ 직무명 : 항공 객실 서비스

항공 객실 서비스란 객실 안전 관리, 승객 탑승 전 준비, 승객 탑승 서비스, 이륙 전 서비스, 비행 중 서비스, 착륙 전 서비스, 착륙 후 서비스, 승객 하기 후 관리, 응급 환자 대처, 객실 승무를 관리하는 일이다.

■ 능력 단위 명칭 : 고객 만족 서비스(1203010513_16v1)

고객 만족 서비스란 객실 승무원으로서 서비스 마인드, 이미지메이킹, 불만 고객 대처를 원활히 수행하기 위한 능력이다.

1) 서비스 마인드 함양하기

1.1 객실 서비스 규정에 따라 고객 만족 서비스를 위한 서비스 마인드를 함양할 수 있다.

1.2 객실 서비스 규정에 따라 고객 만족 서비스를 위한 원활한 소통을 할 수 있다.

1.3 객실 서비스 규정에 따라 고객 만족 서비스를 위한 다양한 문화적 특성을 파악한다.

2) 이미지메이킹하기

1.1 객실 서비스 규정에 따라 필요한 용모 복장을 단정히 할 수 있다.

1.2 객실 서비스 규정에 따라 필요한 호감 주는 표정을 관리할 수 있다.

1.3 객실 서비스 규정에 따라 필요한 호감 주는 음성을 표현할 수 있다.

1.4 객실 서비스 규정에 따라 상황별 기본 매너를 지킬 수 있다.

3) 불만 고객 대처하기

1.1 객실 서비스 규정에 따라 고객 행동 유형을 파악할 수 있다.

1.2 객실 서비스 규정에 따라 불만 고객을 유형별로 대처할 수 있다.

1.3 객실 서비스 규정에 따라 불만 고객에 대한 대처 결과를 보고할 수 있다.

PART 01

고객 서비스 개관

CHAPTER 01

고객 서비스의 이해

오늘날 우리는 서비스 사회(Service Society) 또는 서비스 경제 속에 살고 있으며, 서비스 산업의 비중은 지속적으로 증가하고 있다. 이에 서비스의 중요성이 더욱 확대되고 서비스 구성요소에 대한 이해는 고객 서비스 경영을 이해하는 데 필수불가결한 요소가 되었다. 이 장에서는 고객 서비스 경영을 시작하면서 가장 기본이 되는 서비스의 개념과 구성요소에 대해 알아보고자 한다.

1. 고객 서비스의 개념과 정의

서비스(Service)란 개념은 학자의 관점과 시대에 따라 다양하게 정의된다. 서비스의 어원에는 노예, 하인을 뜻하는 'Servant'의 의미가 있다. 원래 서비스는 계급 사회이던 고대와 중세 봉건제도 시대에 왕족, 귀족 등의 특권 층에게 수행되는 '노예 계급에 속하는 하층민, 노예의 의무적 봉사 행위'로 인식되었다. 따라서 서비스를 제공하는 사람들이 인간적 대우를 받지 못하고 서비스를 수행하는 일에서 보람을 얻지 못하는 수동적 개념의 서비스였다.

그러나 오늘날 현대 사회에서는 서비스라는 용어가 일상생활에서 흔하게 사용되며, 그 의미 역시 사회의 복잡다단한 변화에 따라 다양화되고 있다. 예를 들어 보자. "물건을 10만원 이상 구매하신 분께 드리는 서비스입니다."란 말은 무언가를 덤으로 준다는 의미이고, "오늘 직원들 서비스가 좋네요."란 말은 직원들이 고객을 응대하는 자세가 좋다는 뜻이다. 이렇듯 서비스에 대한 해석은 다양한데, 그중 서비스에 대한 학자들의 대표적인 정의는 다음과 같다.

표 1.1 학자에 따른 서비스 정의

학자	정의
미국 마케팅협회 (AMA)*	서비스는 독자적으로 판매되거나 제품 판매에 연계되어 제공되는 활동, 혜택 혹은 만족이다.
라스멜(Rathmell)	서비스는 시장에서 판매되는 무형의 제품이다.
코틀러(Kotler)	서비스는 일방이 타인에게 제공할 수 있는 활동이나 혜택으로 무형적이며, 소유될 수 없는 것이다. 서비스 생산은 유형적 제품과 연계될 수 있으나 그렇지 않을 수도 있다.
블로이스(Blois)	서비스는 소비자나 판매와 연계되지 않고도 개별적으로 확인 가능하다.
레빗(Levitt)	서비스는 주종관계에서와 같이 '인간의 인간에 대한 봉사'이다.
이유재	고객과의 상호작용에서 고객의 문제를 해결하는 일련의 활동이다.

* AMA(America Marketing Association)

미국 마케팅 협회(AMA)는 '서비스는 독자적으로 판매되거나 제품 판매에 연계되어 제공되는 활동 혜택 혹은 만족'이라고 하였고 라스멜(Rathmell)은 '서비스는 시장에서 판매되는 무형의 제품이다'라고 하였다. 또한, 이유재는 '고객과의 상호작용에서 고객의 문제를 해결하는 일련의 활동'이라고 정의하였다.

이와 같은 여러 학자들의 주장이 다양한 만큼이나 서비스 개념의 정의 역시 복잡하다. 오늘날에서 서비스는 널리 사용되고 있는 용어이다 보니 서비스의 개념을 명확하게 정의하기란 어려운 문제이다. 서비스 자체가 매우 다양하고 복합적인 특성을 지니고 있으며, 서비스란 단어가 우리 주변 어디서나 쓰이고 밀접한 관계를 갖고 우리 생활과 공존하고 있기 때문이다. 따라서 서비스는 포괄적 개념으로 이해하는 것이 중요하다.

"서비스는 고객과의 상호작용에서
고객의 문제를 해결하는 일련의 활동이다."
– 이유재 –

눈에 보이지 않는 서비스를 분류하기 위하여 다양한 분류법들이 사용되지만 서비스의 생산과 소비의 복잡성을 단순화시킬 수 있는 서비스 분류에 대한 이론은 아직 부족하다. 몇몇 학자들이 서비스와 제품의 속성을 이용하여 서비스와 제품이 어느 위치에 속하는지를 알아보기 위한 방법을 제시하였으며 이중 대표적인 것이 '유형성 스펙트럼'이다.

다음 그림은 쇼스택(Shostack, 1977)의 서비스 분류를 나타낸 것이다. 쇼스택은 현실적으로 시장 실체가 여러 유, 무형의 재화로 결합되었다는 점에 착안하여 이 모형을 개발했다. 그는 모든 시장 실체를 구성하는 유, 무형의 두 가지 요소 중에서 어느 요소가 핵을 형성하여 지배성을 발휘하느냐에 따라 재화와 서비스로 구분된다고 했다.

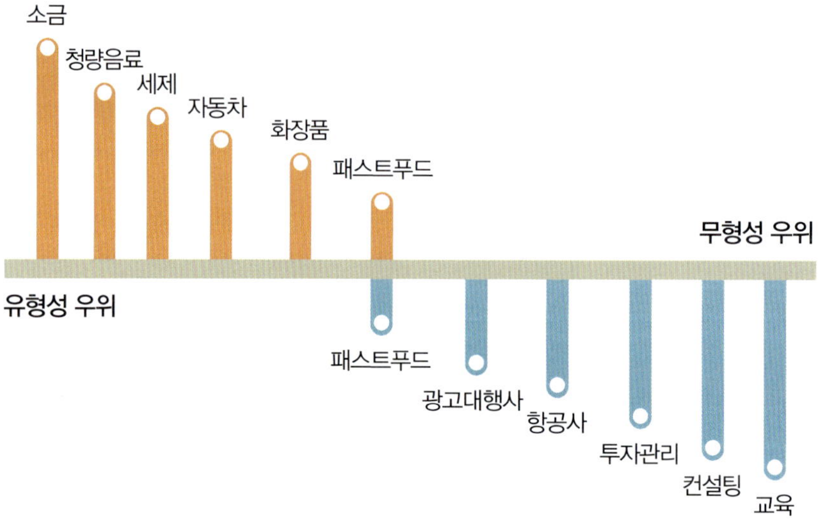

그림 1.1 유형성 스펙트럼

유형성 스펙트럼에서 볼 수 있듯이, 제품이나 서비스가 완전히 유형적이거나 무형적인 경우는 드물다. 따라서 서비스와 제품을 구분할 때 유형 아니면 무형으로 브랜드를 구분하는 것이 이제는 큰 의미가 없어졌다. 모두 동일한 연속선상에 존재한다고 보는 것이 적절하다.

2. 고객 서비스의 특성

서비스는 유형과 무형으로 구분할 수 있지만, 본질적으로 유형적 제품과 차별되는 특성이 있다. 서비스의 고유한 특성을 파악하는 것은 고객 서비스 만족이라는 목적을 달성하는 데 필수 조건이라 할 것이다. 서비스의 고유한 특성은 일반적으로 무형성, 비분리성, 이질성, 소멸성 등이다.

그림 1.2 서비스의 특성

1) 무형성(Intangibility) : 보거나 만질 수 없다

서비스는 보고, 듣고, 만지고, 평가할 수 있는 객체처럼 유형적이지 않고 무형적이라는 특성을 갖는다. 서비스는 무형적이기 때문에 객관적으로 누구에게나 보이는 형태로 제시할 수 없으며, 사물처럼 만지거나 볼 수 없다. 즉 고객은 브랜드 이미지나 이미 서비스를 경험한 사람들의 구전을 통해 서비스를 선택하게 되므로, 실체를 경험하지 않고 유형적 단서만으로 서비스를 평가한다.

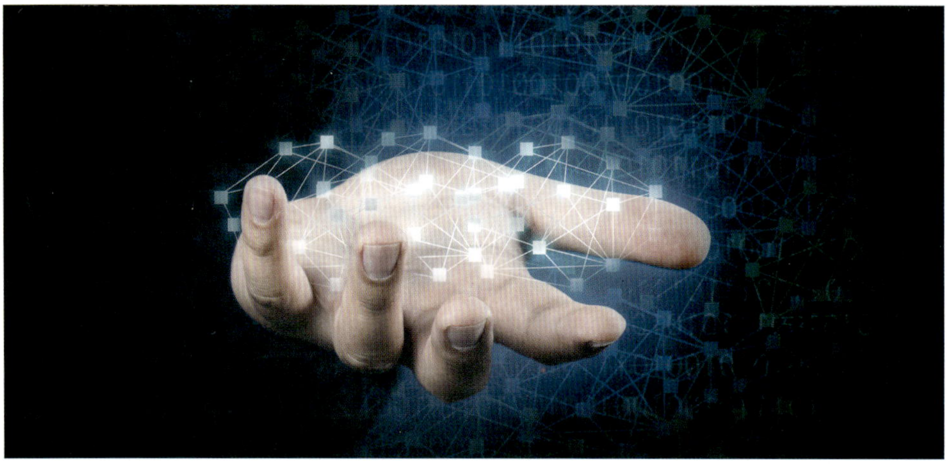

서비스는 무형성이라는 특성상 전시하거나 전달하기가 어렵다. 그래서 사용권과 이용권은 있지만 소유권은 인정되지 않는다. 서비스는 모방하기 쉬우며, 유형적인 제품과는 달리 특허를 내거나 가격을 책정하기도 어렵다.

2) 비분리성(Inseparability) : 생산과 소비가 동시에 일어난다

서비스는 생산과 소비가 동일한 장소에서 동시에 발생하며, 서비스 제공 시 고객이 직접 참여한다. 제품은 생산과 소비가 분리되어 생산한 후 판매되고 나중에 소비가 이루어진다. 그러나 서비스는 대부분 제공자로부터 고객에게 직접적으로 전달되기

© sorbetto / DigitalVision Vectors / Getty Images

때문에 생산과 동시에 소비가 이루어진다고 볼 수 있다. 또한 고객들이 서비스 생산에 직접 참여하기 때문에 집중화된 대규모 생산이 어렵다. 그리고 서비스는 고객의 주문에 의해 생산되는 체제이므로 재고를 처리하는 것이 불가능하여 계획 생산은 더욱 어렵다.

비분리성이라는 특성은 서비스를 전달하는 과정과 전달 이후에도 소비자가 서비스 품질을 평가하는 중요한 요인으로 작용한다. 따라서 서비스 제공자의 능력과 고객에 따라 서비스의 질이 결정된다.

3) 이질성(Heterogeneity) : 품질이 일정하지 않다

서비스의 생산 및 인도 과정에서 가변적 요소가 많기 때문에 한 고객에 대한 서비스가 다음 고객에 대한 서비스와 다를 수 있다. 즉, 같은 서비스라도 제공자와 장소 및 시간에 따라 달라지기 때문에 서비스의 표준화와 품질을 통제하기가 어렵다. 이러한 특징은 시스템과 설비 문제보다는 인적 서비스 요소에서 주로 발생한다. 서비스 제공자의 성격, 능력, 인성, 훈련 정도에 따라 고객이 경험하는 결과가 매우 다르므로 동일 제품을 전달하더라도 서비스의 차이가 발생하게 된다.

© kowalska-art / iStock / Getty Images Plus

4) 소멸성(Perishability) : 판매되지 않은 서비스는 사라진다

서비스의 소멸성은 유형의 제품과 달리 수요에 대비하여 저장할 수 없음을 의미한다. 다시 말해 판매되지 않은 제품은 보관할 수 있지만 판매되지 않은 서비스는 소멸되고 만다.

서비스는 생산물에 대한 저장이나 재고가 불가능하다. 예를 들면 서울에서 부산을 왕복하는 항공사의 경우 빈 좌석만큼을 보관하고 있다가 다음 비행기에 보관 중인 좌석을 추가로 배치하여 판매할 수 없는 것이다. 이처럼 서비스는 본래대로 환원될 수 없는 일회성의 특징을 지닌다. 서비스의 이러한 일회적 특성으로 인해 과잉생산이나 과소 생산으로 인한 손실이 발생하기도 한다.

표 1.2 서비스와 재화의 차이점

재화	서비스	서비스의 관리적 의미
유형	무형	• 서비스는 저장할 수 없다. • 서비스는 특허를 낼 수 없다. • 서비스는 쉽게 전시하거나 전달할 수 없다. • 서비스는 가격 책정이 어렵다.
생산과 서비스가 분리	생산과 소비가 동시 발생	• 고객이 거래에 참여하고 영향을 미친다. • 고객은 서로에게 영향을 미친다. • 서비스 직원이 서비스 결과에 영향을 미친다. • 대량 생산이 어렵다.
표준	이질	• 서비스 제공과 고객 만족은 직원의 행위에 달렸다. • 서비스 품질은 많은 통제 불가한 요인에 달렸다. • 제공된 서비스가 계획되거나 촉진된 서비스와 일치하는지 확신하기 어렵다.
비소멸	소멸	• 서비스는 수요와 공급을 맞추기가 어렵다. • 서비스는 반품할 수 없다.

© olga_1818 / iStock / Getty Images Plus

3. 서비스 경제

서비스 경제란 제조업, 농업, 광업과 대조되는 서비스 부문에 의해 경제활동이 지배되는 경제로, 전체 노동력의 50% 이상이 서비스 부문에 종사한다면 서비스 경제에 진입했다고 본다.

우리나라의 서비스 산업 취업자는 전체 취업자의 약 70%를 차지하지만, 도소매, 음식, 숙박업에 고용이 편중되고 고부가가치 지식기반 서비스 산업의 고용 비중은 OECD(Organization for Economic Co-operation and Development) 주요국 가운데 하위권을 기록하고 있다. 국가 경제가 발전할수록 서비스 경제화는 가속되며, 이러한 현상은 현재만이 아니라 앞으로도 지속될 것이다.

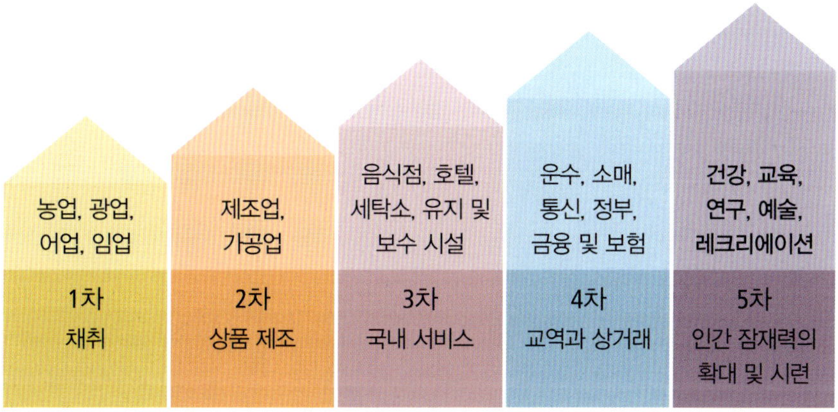

그림 1.3 경제활동의 발전 단계와 산업 분야

오늘날 서비스 산업은 제조업을 대신하여 경제를 견인하는 새로운 성장 동력으로 주목받고 있다. 이미 선진국에서는 금융, 정보통신, 물류 등 서비스 강화를 통한 경쟁력 제고가 기업들의 주요 화두로 자리 잡았으며, 서비스 부문에 대한 비중은 서비스 산업 자체만이 아니라 제조업 같은 2차 산업에서도 나날이 커지고 있어 서비스의 중요성이 증대되고 있다.

더욱이 최근에는 서비스 산업의 중요성이 더욱 부각되면서 서비스 산업 육성의 필요성이 대두하고 있는데, 이는 서비스 산업이 경제에서 차지하는 비중이 증가할 뿐만 아니라 향후 성장과 발전 가능성이 크기 때문이다. 서비스 경제가 성장하는 데에는 다음과 같은 여러 가지 이유가 있다.

- 서비스 부문 비중의 확대
- 정보 기술의 발달
- 소비자 욕구의 다양화와 고급화
- 기업 경쟁의 심화로 비즈니스 서비스 출현
- 여성의 사회 참여 확대로 가사 노동 서비스 대체
- 삶의 복잡화로 전문적인 서비스 기관을 통한 문제 해결 증대
- 제품의 복잡화로 인한 사용상의 어려움으로 교육, 수리 서비스 수요 증가
- 지속적인 새로운 서비스 등장

그림 1.4 서비스 경제의 성장 배경

4. 서비스 패러독스

1) 서비스 패러독스의 의미

서비스 패러독스(Service Paradox)란 서비스 경제의 발달, 경제적 풍요, 기술의 발달로 양적으로나 질적으로 더 높은 수준의 서비스를 대량으로 공급받음에도 불구하고 소비자들이 체감하는 서비스 품질은 하락하는 현상을 의미한다. 서비스 패러독스의 원인은 서비스 만족도를 결정하는 두 가지 요인, 즉 성과에 대한 '높은 기대 수준'과 '실제 서비스 성과'로 나눌 수 있다.

표 1.3 서비스 패러독스의 2가지 원인

고객의 높은 기대 수준	이동통신 서비스에서 우수한 통화 품질은 더 이상 기업의 차별적인 역량이 아니다. 고객에게 통화 품질은 통신 서비스라면 당연히 갖춰야 할 속성으로 자리 잡았기 때문이다.
실제 서비스 성과	기업이 혁신적인 서비스를 지속적으로 개발하지 않는다면 높아지는 고객의 눈높이를 따라갈 수 없을 것이다.

© NLshop / iStock / Getty Images Plus

2) 서비스 패러독스의 발생 원인

서비스 성과 측면에서 서비스 질을 악화시키는 주요인은 '서비스의 공업화'이다. 서비스 공업화를 모든 서비스 영역에 획일적으로 적용한다면 고객 불만족을 야기할 수 있다. 고객의 니즈가 이질적인 서비스, 종업원과의 감정적 교류를 필요로 하는 서비스 영역의 경우, 서비스의 공업화는 고객의 이탈로 이어질 수 있다.

- 고객 의식의 변화 : 기대 수준이 점차 높아지면서 고객 입장에서 서비스를 당연한 절차로 여기기 시작했다.
- 서비스의 동질화 : 모든 경쟁자들이 높은 수준의 기능적 서비스를 제공함에 따라 차별화된 서비스로 인식되기가 어렵다.
- 경제적 서비스 환경 : 많은 기업들이 상향 평준화된 서비스를 제공함으로써 차별화된 서비스를 제공하는 데 한계가 생기기 시작했다.
- 서비스의 획일화 : 과도한 표준화로 서비스의 개별성을 상실했다.
- 기술의 복잡화 : 기술의 발달에 따라 제품이 복잡해져 고객이 기술의 진보를 따라가지 못하게 되었다.
- 일선 직원 확보의 악순환 : 인력 확보의 지속적인 어려움으로 충분히 교육받지 못한 직원을 접점에 투입하게 되어 획일적이고 무미건조한 서비스를 제공하게 되었다.
- 서비스의 인간성 상실 : 인간을 서비스 과정의 도구로 인식하여 고객과 직원 간의 상호작용에서 인간적 배려가 상실되었다.

3) 서비스 패러독스를 해결하기 위한 서비스 재인식

서비스 패러독스를 탈피하고 고객을 만족시키는 수준 높은 서비스를 제공하기 위해서 궁극적으로 고객의 욕구를 충족시켜야 한다. 특히 대량화, 동질화를 최소화하기 위해 다음과 같은 사항에 관심을 가져야 한다.

- 첫째, 서비스를 제공할 때에는 종사원의 진심 어린 태도, 서비스 제공 속도인 신속, 미소가 있어야 한다. 이는 서비스의 기본인 3S라고 할 수 있다.
- 둘째, 서비스는 활기차며 에너지가 넘쳐야 한다. 종업원의 자신감 있는 태도와 활기찬 걸음걸이, 고객과 대화 시 밝은 표정은 활기를 띌 수 있다.
- 셋째, 서비스는 혁신적이고 신선해야 한다. 획일적이며 모든 고객에게 동일한 서비스를 제공하는 것이 아니라 고객의 취향에 맞게 서비스를 제공해야 한다.
- 넷째, 가치 있는 서비스를 제공해야 한다. 제공되는 서비스는 합리적이어야 하며, 고객과 서비스 제공자 상호간에 가치 있고 이익이 되어야 한다.
- 다섯째, 고객에게 감명 깊은 서비스를 제공해야 한다.

- 여섯째, 서비스는 상호 커뮤니케이션이 이루어져야 한다. 일반적으로 하는 것은 허용되지 않고 고객과 종사원 간의 상호 커뮤니케이션이 필요하다.
- 일곱째, 서비스는 고객을 환대하는 것이어야 한다. 진심으로 고객을 환대하여야 하며 인사치레나 겉으로만 보이게 행동해서는 안 된다.

그림 1.5 서비스 패러독스 탈피 방안

학습 정리

학습 목표

서비스의 정의와 특성을 이해하고 서비스 경제에 미치는 영향을 예측할 수 있다.

1. 고객 서비스란?

고객과의 상호작용에서 고객의 문제를 해결하는 일련의 활동

2. 서비스의 4가지 특성

구분	특성
무형성(Intangibility)	보거나 만질 수 없다.
비분리성(Inseparability)	생산과 소비가 동시에 일어난다.
이질성(Heterogeneity)	품질이 일정하지 않다.
소멸성(Perishability)	판매되지 않은 서비스는 사라진다.

3. 서비스 패러독스란?

서비스 경제의 발달, 경제적 풍요, 기술의 발달로 양적으로나 질적으로 더 높은 수준의 서비스를 대량 공급받음에도 불구하고 소비자들이 체감하는 서비스 품질은 하락하는 현상을 의미한다.

4. 서비스 패러독스의 발생 원인

- 고객 의식의 변화
- 경제적 서비스 환경
- 서비스의 획일화
- 일선 직원 확보의 악순환
- 서비스의 동질화
- 서비스의 기계화
- 기술의 복잡화
- 서비스의 인간성 상실

심화 학습

학습 목표

서비스의 다양한 의미를 파악하고, 서비스의 기본적인 특성에 따른 대응 전략을 이해할 수 있다.

1. 서비스의 다양한 정의

■ 서비스의 경제학적 정의

구분	내용
아담 스미스 (Adam Smith)	서비스 활동은 부를 창출할 수 없기 때문에 비생산적이다.
세이(Say)	부의 본질은 효용이며, 생산이란 물질의 창조가 아니라 효용의 창조이다.

■ 서비스의 경영학적 정의

구분	내용
활동론적 정의	서비스를 '활동'으로 보는 개념에 근거한다. 미국 마케팅학회(AMA)에서는 "서비스란 판매 목적으로 제공되거나 상품 판매와 연계해서 제공되는 모든 활동, 편익, 만족이다"라고 정의한다.
속성론적 정의	서비스를 그 속성의 중심으로 보는 개념이다. 즉, 제품과 다른 점을 지적하며 서비스를 파악하려고 한다. 라스멜(Rathmelll)은 서비스를 "시장에서 판매되는 무형의 상품"으로 정의하고, 손으로 만질 수 있는지 여부로 무형과 유형을 구분한다.
봉사론적 정의	서비스를 주종관계에서 볼 수 있는 것과 같이 '인간의 인간에 대한 봉사'라는 발상으로 정의하였다. 일반인들이 흔히 서비스를 지칭할 때는 이러한 봉사적인 의미로 서비스를 사용하는 경우가 대부분이다.
인간 상호관계론적 정의	서비스는 무형적 성격을 띠는 일련의 활동으로 고객과 서비스 직원의 상호관계에서 발생하며 고객의 입장에서 고객의 문제를 해결해 주는 것이다.

2. 서비스의 기본적인 특징과 대응 전략

■ **참여 관점에 따른 분류**

구분	특징	대응 전략
무형성	• 서비스는 무형적이다. • 서비스는 전시하거나 전달하기가 어렵다. • 특허를 내기 어렵고, 가격 책정도 어렵다.	• 서비스를 경험할 수 있는 실체의 단서를 제공한다. • 기업 이미지를 관리하고 구전을 적극 활용한다.
이질성	• 서비스는 종업원이 어떻게 전달하느냐에 따라 전혀 다른 서비스가 되기도 한다. • 서비스는 통제 불능의 다양한 요인으로 계획과 일치하는지 확인하기가 어렵다.	• 서비스 표준을 설계 및 수행한다. • 서비스직에 적합한 직원을 선발한다. • 표준화 또는 개별화 전략을 시행한다.
비분리성	• 서비스는 생산과 동시에 소비되고 고객이 개입되므로 서비스 과정에서 고객으로 인해 서비스 결과가 달라진다. • 집중화보다 분권화를 해야 하는 상황이 많고, 대량 생산이 어렵다.	• 고객 욕구를 세심하게 파악하여 관리하는 것과 직원 선발 및 교육이 중요하다. • 고객 관리, 단계별 정보를 제공한다.
소멸성	• 서비스는 저장할 수 없고 재판매가 어려우며 재고로 보관할 수 없다. • 서비스는 교환, 반품, 환불하지 못한다.	• 수요와 공급을 예측하여 서비스를 계획한다. • 직원의 다양한 업무 능력을 제고한다.

3. 서비스 산업에 나타나는 다양한 현상

■ **서비스 기업의 보조 서비스 추가 및 확장 추세**

기업은 핵심 서비스만으로 경쟁 우위를 점하기 어렵다는 사실을 인식하고 서비스의 다양화를 추구하며 편의 서비스 확대로 차별화를 꾀하고 있다. 이동통신사의 부가 서비스 확대, 항공사의 면세품 판매, 호텔의 웨딩 서비스나 피트니스 센터 운영이 이에 해당한다.

© Getty Images Bank (2cut)

© pryanwang / iStock / Getty Images Plus

■ 신종 서비스업의 등장

정보통신 기술의 발달로 수많은 신종 서비스가 등장하고 있다. 예를 들어 사이버 복덕방을 통해 온라인으로 집을 보고 계약하는 경우도 있으며 연인과의 이별을 대신해 주는 이별 대행 서비스업도 등장했다.

감정 대리 업종,
어디까지 진화했나?

효도 대행 서비스	사과 대행 서비스	이별 대행 서비스
"아버지, 허리는 좀 어떠세요" (맞춤형 문자 발송)	전화 3만원 · 대면 15만원	껄끄러운 이별 통보도 대신

■ 서비스의 고급화, 전문화, 다양화

서비스가 경제에서 차지하는 비중이 높아지고 다양해지고 있다. 서비스 산업의 고도화에 따라 종래에는 생각하지 못한 여러 가지 형태의 서비스가 제공되며 서비스의 질도 매우 고급화, 전문화되고 있다. 예를 들면 애견 호텔, 애견 미용실, 태아보험, 포장 이삿짐 센터 등이 있다.

© Getty Images Bank (3out)

CHAPTER 02

고객 개념의 이해

顧(돌아볼 고)와 客(손님 객)이라는 한자로 이루어진 고객은 '다시 돌아보고 계속 찾아오게 되어 지속적으로 방문하고 거래하는 사람'을 말한다. 또한 Customer라는 영어 단어는 '습관'이라는 Custom에서 파생되어 '익숙한, 친숙한'이라는 의미를 지닌다. 이 장에서는 이러한 다양한 표현들을 통해 '지속/반복/경험과 익숙함을 가진 관계'의 개념을 전제로 하는 진정한 고객의 의미를 살펴보고자 한다.

1. 고객의 중요성

1) 고객의 개념

오늘날 현대인의 일상 속에서 '서비스' 없이 생활하는 것은 상상하기가 어렵다. 별다른 인식 없이 당연하게 여기지만, 실제 우리의 하루를 돌아보면 다양한 생활 편의 서비스가 일상 속에 자연스럽게 스며들어 있다. 새벽 당일 배송 서비스를 통해 편하게 준비하는 아침 식사부터 출, 퇴근 시 이용하는 보육 케어 서비스, 필요한 물품을 대신 구입하는 구매 대행 서비스, 각종 금융 전자거래 서비스, 교육 서비스 등을 자신의 상황에 따라 적절히 활용한다. 또한 몸이 아프면 적절한 의료 서비스 기관을 찾고 개인의 기호와 성향에 맞춰 각종 미용, 엔터테인먼트 시스템과 연결된 여러 서비스 상품을 일상에서 다양하게 이용하고 있다.

이처럼 서비스 경제 사회에서는 일상에서 다양한 서비스를 이용하고, 끊임없이 새로운 서비스를 만들어 내는 '고객'이라는 대상이 핵심적인 존재로 간주된다. 그렇다면 고객은 어떻게 정의할 수 있을까? 고객은 좁은 의미에서 단순히 상품과 서비스

를 구매하거나 이용하는 최종 소비자를 뜻한다. 하지만 넓은 의미에서 그 정의는 다음과 같이 확장된다.

> "고객은 상품을 생산하고 이용하며 서비스를 제공하는 일련의 과정과 관계있는 자신 이외의 모든 사람을 지칭한다."

비즈니스 영역만이 아니라 다양한 생활 편의 서비스가 우리의 일상생활 곳곳에서 점차 중요한 자리를 넓혀 가는 만큼 오늘날 서비스 사회에서는 자신을 제외한 모든 사람이 고객이 된다.

또한 고객과 서비스 제공자가 고정되지 않으며, 어떠한 서비스를 제공하고 제공받느냐에 따라 누구나 서비스 제공자인 동시에 고객이 될 수 있다. 따라서 고객에 대한 정의는 상품의 생산, 이용, 서비스 제공에 해당하는 전 과정에서 다양하게 관계된 자신 이외의 모든 사람이라고 이해하는 것이 바람직하다. 또한 다양한 서비스 상황에서는 누구나 고객이자 서비스 제공자가 될 수 있으므로 상호 간의 역할을 이해하고 상대의 입장을 존중하며 상생할 수 있는 협력 관계를 유지하는 것이 중요하다.

2) 고객 개념의 시대적 변천

고객 개념의 변천사는 고객 만족의 시대적 흐름을 통해 살펴볼 필요가 있다. 서비스의 어원인 '세르부스'(Servus: 종속, 노예)에서 알 수 있듯이, 과거에 비생산적인 개념으로 간주되던 서비스와 고객 만족의 개념이 서비스 제공자인 기업의 최우선 경영 가치로 자리 잡게 되기까지 어떻게 변화되었는지 알아본다.

1 무관심 단계(1990년대 이전)

기업 중심의 경영 단계로, 수요보다 공급이 우세하여 생산 위주의 산업이 주를 이루던 시기이다. 시장의 힘이 생산자를 중심으로 운영되며, 수요에 맞추어 상품을 만들어 내는 공급 과정과 그 결과물로 양질의 제품을 만들어 내는 과정에 집중하던 시기를 말한다.

2 고객 만족 도입기 및 활성화(1990~2000년대 이전)

고객 만족에 대한 개념이 도입된 시기로, 이때부터 기업은 고객 만족 및 고객 중심의 개념을 중요하게 인식하고 경영에 적용하기 시작했다. 구체적으로 보면, 기업은 제품의 가치를 고객이 만족하는 상태로 향상시키고 기획, 생산, 유통, 판매 및 판매

REFERENCE

1. 고객의 다양한 정의

- 고객은 우리에게 급여를 주는 사람이다.
- 고객은 자신이 원하는 것을 우리가 해 주기를 바라는 사람이다.
- 고객은 우리에게 서비스로 호의를 베푸는 것이 아니라, 고객이 우리에게 서비스할 기회를 제공함으로써 호의를 베푸는 것이다.
- 고객은 우리에게 기회를 주는 사람으로 항상 옳으며, 우리의 논쟁 상대가 아니다.

2. 고객 만족 관리 개념이 중요해진 이유

■ **제품**

제품의 내량 생산과 정보화 사회의 급속한 발달로, 품질이나 가격 등에서 거의 차이가 없으며 전반적으로 고품질 평준화가 주를 이룬다.

■ **서비스**

제품 자체보다 제품이 가지는 기본적인 기능뿐만 아니라 디자인, 편리성을 포함한 다양한 서비스 부분의 비중이 커졌다.

단순히 제품 구매에 그치는 것이 아니라, 제품을 구매하기까지의 전 과정에서 고객이 느끼는 다양한 경험과 고객 접점 직원들이 전달하는 눈에 보이지 않는 서비스의 진정성이 제품 구매를 결정하는 데 중요한 요소가 되었다.

■ **기업 이미지**

단순히 우수한 제품을 생산하고 판매할 뿐만 아니라, 간접적인 사회 공헌과 환경 보호 등의 다양한 활동을 통해 사회에 대한 선한 영향력의 행사 여부가 기업의 이미지를 형성하는 데 중요해졌다. 이러한 부분에서 만족할 때 고객은 기업에 대한 긍정적인 이미지를 오랫동안 간직하며 함께하고 싶어한다.

후 관리의 전 과정에서 고객을 중심에 두고 의사 결정을 하게 되었다. 경쟁 기업보다 더 우수한 제품과 서비스를 제공하는 고객 중심 경영의 일류 기업이 되려는 노력을 기울인 시기이다.

3 고객 만족과 고객 생애가치 중심화(2000년대 이후)

정보통신 및 인터넷 등의 보급과 발달로 소비자의 주권 의식이 확산되면서 고객은 시장에서 품질 좋은 다양한 상품들을 자유롭게 비교하며 선택할 수 있게 되었다. 그 결과 제조업을 비롯한 대부분의 산업에서 고객 만족은 기업 경영의 핵심 가치로 자리 잡게 되었다.

또한 과거 생산자 중심의 시장은 점차 소비자 중심으로 성숙해지고 고객의 요구와 니즈가 점차 고품질 서비스를 원하는 무한 경쟁시장으로 이행하게 되었다. 결국, 기업의 입장에서 고객 만족은 이윤 창출과 더 나아가 기업의 존망에 직결되는 중요한 개념이 되었다.

2. 고객의 분류

서비스 제공자의 입장에서 기업의 이윤 추구라는 궁극적인 목적을 달성하기 위해서는 고객이 무엇을 원하는지, 이를 바탕으로 어떻게 신규 고객을 확보할 것이며, 기존 고객을 어떻게 유지할 것인지 등의 전반적인 고객 관리 과정에 끊임없이 관심을 기울여야 한다. 고객은 참여 관점, 기업에 이익을 주는지 여부, 고객의 행동 결과, 서비스 제공 프로세스 관점 등에 따라 다양하게 분류할 수 있다.

1) 내부 고객

내부 고객은 가치 생산에 직접 참여하는 고객을 말하며, 쉽게 말해 서비스 제공자인 기업 내의 종업원, 그 가족과 주주의 범위를 포괄한다. 오늘날의 서비스 경제 사회에서는 기업에 속한 직원이 고객에게 최상의 서비스를 제공할 수 있도록 다방면으로 지원하고 교육하는 내부 마케팅이 중요한 고객 관리 요소로 작용한다. 고객에게 양질의 서비스를 제공하기 위해 우수한 조직 구성원들을 채용하고 훈련하여 본연의 업무에 집중하도록 동기를 유발하는 일련의 과정은 외부 고객을 대상으로 하는 서비스 마케팅보다 우선적으로 수행되어야 한다.

기업 입장에서는 내부 고객인 종업원 각자가 맡은 업무에 책임감을 가지고 일하고 싶은 근무 환경을 조성하는 등 종업원 만족도(ES: Employee Satisfaction)를 관리하여 고객 지향적 태도와 고객 우선적 사고를 통해 고객의 요구에 신속하게 대응할 수 있도록 해야 한다. 이를 위해서는 직원들에게 적절한 수준의 업무 재량권을 부여하고, 책임감과 사명감, 주인의식을 고취하여 고객과 올바른 상호작용을 할 수 있도록 기업 차원의 적극적이고 지속적인 지원과 배려가 필요하다.

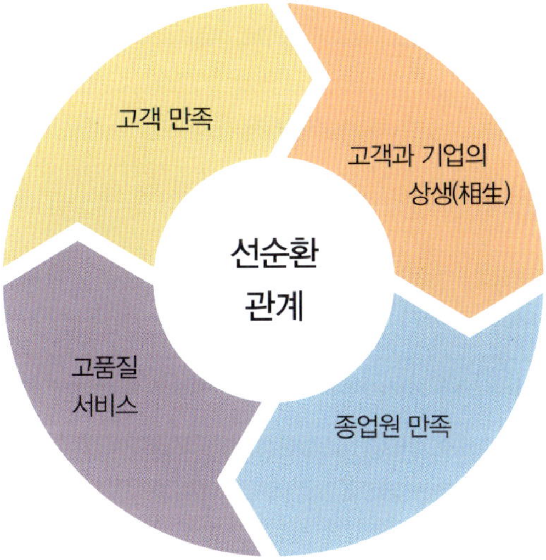

그림 2.1 종업원 만족과 고객 만족의 상관관계

2) 외부 고객

외부 고객은 기업이 생산한 가치를 사용하고 소비하는 고객을 말한다. 직접 고객과 간접 고객으로 나뉘며, 제공자에게 제품이나 서비스를 구입하는 사람을 직접 고객(1차 고객), 2차 소비자 또는 최종 소비자를 간접 고객으로 구분할 수 있다.

이를 현대 마케팅 관점에서 구체적으로 살펴보면, 물건을 사는 사람인 구매자, 구매를 허락하고 승인하는 사람인 구매 승인자, 구매의 의사 결정에 직/간접적으로 영향을 미치는 구매 영향자, 최종 제품과 서비스를 최종적으로 사용하는 사람인 소비자로 세분화할 수 있다.

3. 고객의 기대

1) 서비스 기대 모델

양질의 서비스를 제공하기 위해서는 서비스 제공자의 입장에서 많은 준비가 필요하다. 서비스 제공자는 서비스를 제공받을 사람의 요구와 필요가 무엇인지 우선적으로 고민해야 하는데, 이 과정에서 중요하게 살펴볼 내용이 바로 고객의 기대(Expectation)이다. 고객 만족(Customer Satisfaction)은 결국 고객의 기대와 요구에

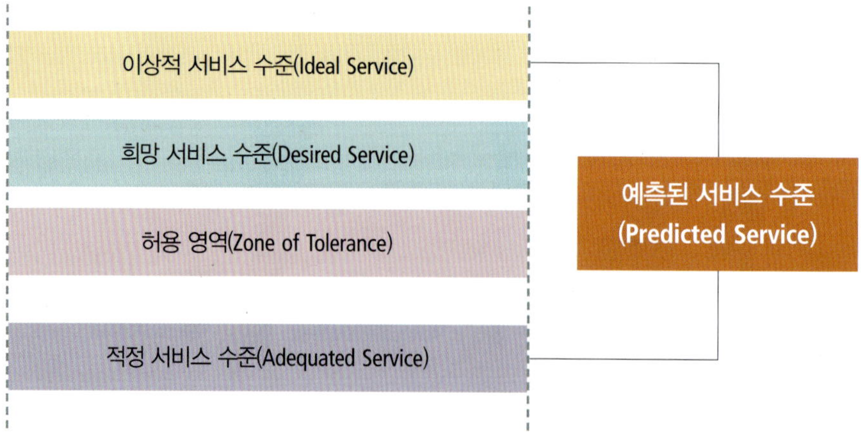

그림 2.2 고객 서비스 기대 모델

부합하는 상품과 서비스가 재구매되고 이를 통해 고객의 신뢰가 연속적으로 이어지는 상태를 의미하며, 이는 기업의 중요한 경영 목표가 되어 왔다.

고객이 서비스에 기대하는 수준은 크게 5가지 영역으로 이루어진다.

1 이상적 서비스 수준(Ideal Service)

서비스를 제공받고자 하는 고객이 기대할 수 있는 최상의 서비스 수준(Wished-for)이다. 서비스가 수행되기 전에 고객이 나름대로 원하고 있던 부분은 물론이고 미처 생각지 못한 부분까지도 제공하여 고객을 만족시켜 주는 최상위 서비스 수준을 말한다.

예

"좌석 승급, 승무원의 친절한 미소와 기내식 등 제공된 서비스가 매우 만족스럽습니다."

2 희망 서비스 수준(Desired Service)

고객이 제공받을 서비스에 대한 희망 수준, 즉 바람(Want)과 소망(Hope)을 뜻한다. 희망 서비스는 특히 고객의 과거 서비스 경험이 얼마나 다양했는지에 따라 달라진다. 즉 양질의 고급화된 서비스 경험이 많은 고객이 서비스에 기대하는 수준은 높아진다. 일반적으로 고객은 최고 수준의 서비스를 제공받기가 쉽지 않다는 것을 인지하기 때문에 희망 서비스 수준 정도의 서비스가 제공되기를 기대하게 된다.

예

"이번 항공편에서 좌석 업그레이드도 받으면 좋겠고, 정시에 출발까지 한다면 더 만족스러울 것 같네요."

3 허용 영역(Zone of Tolerance)

희망 서비스 수준과 적정 서비스 수준의 중간에 있는 영역이다. 희망 서비스와 적정 서비스 기대 수준의 격차로, 고객이 서비스에 대한 가변성을 인정하고 수용하고자 하는 정도라고 할 수 있다. 특히 이 구간은 서비스 실패가 드러나지 않을 수 있어 미발각 지대(No Notice Zone)라고도 한다.

예

"기내가 좀 춥긴 했지만 승무원이 여분의 담요와 따뜻한 차를 줘서 나름 좋은 서비스를 받았다고 생각합니다."

4 적정 서비스 수준(Adequated Service)

고객이 불만 없이 받아들일 만한 서비스 수준, 즉 최소한의 허용 가능한 기대 수준 또는 수용할 수 있는 성과의 최하 수준을 의미한다. 이는 주로 고객이 서비스 제공자에게 실제로 받을 수 있으리라고 기대하는 서비스 기대치를 말한다.

예

"공항 혼잡으로 출발 예정 시간보다 5분 지연되었으나, 항공기 정시 출발이 무난하게 이루어졌다고 볼 수 있죠."

5 예상 서비스 수준(Predicted Service)

고객이 서비스를 제공받을 때 기대하는 서비스 수준 전체를 의미한다. 예를 들어 햄버거를 주문해서 서비스를 받기까지 최소 5분에서 최대 15분이 걸린다고 하자. 이때 햄버거가 5분 만에 준비되어 나오면 서비스 제공시간 면에서는 최고의 서비스 수준이라고 할 수 있다. 하지만 고객의 경험상 10분 내외에 준비되는 것이 일반적이라면 서비스 기준은 고객 자신의 기대에 맞춰 변경될 수도 있다. 따라서 예상 서비스 수준은 최고 서비스 수준부터 최저 서비스 수준의 범위에 걸쳐 있다.

2) 고객 기대의 영향 요인

서비스에 대한 고객의 기대에 영향을 미치는 요인은 크게 4가지로, 내적 요인, 외적 요인, 상황적 요인, 기업 요인이다. 기업은 서비스 제공자의 입장에서 고객의 기대 영향 요인을 정확히 이해하여 고객의 기대를 적절히 관리할 수 있어야 한다.

(1) 내적 요인

1 개인적 욕구

최종 소비자인 고객 개인의 욕구에 따라 서비스 기대 수준이 달라지는데, 이는 매슬로우(Abraham Maslow)가 설명한 인간 욕구의 5단계를 기본으로 한다. 즉, 인간의 욕구는 인간의 행동에 영향을 미치는데 높은 차원의 욕구가 영향을 미치려면 낮은 차원의 욕구가 완전히 또는 부분적으로 충족되어야 한다.

2 관여도

인간이 어떤 상황에서 특정 행위를 할 때 가지게 되는 중요도 또는 관심의 정도를 '관여도'라 한다. 고객 입장에서 서비스에 대한 관여도가 높을수록 이상적 서비스 수준과 희망 서비스 수준의 격자가 좁아지며, 상대적으로 적정 서비스의 기준도 높아져 서비스 허용 영역이 좁아질 수 있다. 이러한 경우 고객은 서비스 제공 사항에 변동이 생기면 예민하게 반응하거나 덜 관용적이게 된다.

3 과거의 경험

특정 서비스에 대한 과거의 경험, 동종 산업의 다른 서비스 제공자에게서 받은 경험 및 이와 유사한 서비스에 대한 경험은 예측된 기대와 희망하는 기대 수준을 형성하

5

자아실현 욕구(Self-fulfillment Need)

지속적인 자기 발전을 통해 성장하고 잠재력을 극대화하여 자아를 완성하려는 욕구

예

고객을 알아주고 남보다 더 질 좋은 서비스를 제공하려고 노력하는가?

4

존경 욕구(Ego Need)

내적으로 자존과 자율을 성취하려는 욕구

예

고객에게 지속적인 관심을 보이는가?

3

사회적 욕구(Social Need)

조직에 소속되거나 동료와 친교를 나누는 등 사회적 존재로서 인정받고 싶은 욕구

예

종업원이 친절한가?
고객 요구를 정확히 잘 들어 주는가?

2

안전 욕구(Safe Need)

신체적, 감정적 위험에서 보호받기를 바라는 욕구

예

유기농 야채인가? 국내산 돼지고기인가?
위생적인 방법으로 조리되었는가?

1

생리적 욕구(Physiological Need)

의식주 등 생존하려는 기본 욕구

예

충분한 양을 적당한 가격에 제공하는가?

그림 2.3 매슬로우의 인간 욕구 5단계와 예시

는 중요한 기준이 된다. 일반적으로 다양한 서비스 경험이 많을수록 서비스 기대 수준은 높아진다.

(2) 외적 요인

1 경쟁적 상황

고객의 기대는 소비자의 입장에서 이용할 수 있는 다양한 대안적 서비스를 비교함으로써 영향을 받는데, 이는 주로 경쟁사가 제공하는 서비스로 결정된다. 예를 들어, 동종 산업의 경쟁 기업이 서비스 가격을 인하할 경우 다른 기업들도 가격을 인하하거나 서비스 판촉 행사를 동원할 확률이 높다. 이러한 경쟁은 동종 산업만이 아니라 대체 가능한 경쟁사로까지 확대되어 전체 산업에 영향을 끼칠 수도 있다.

2 사회적 상황

기대 수준은 소비자인 고객 개인이 처한 다양한 사회적 상황에 따라 달라질 수 있다. 일반적으로 사람들은 혼자 있을 때보다 자신이 좀 더 신경 쓰는 일행과 함께 있을 때 서비스에 대한 기대 수준이 높아지면서 좋은 서비스에 대한 기대감이 자연적으로 높아진다. 따라서 신경 쓰는 일행과 함께 있는 자신을 더 잘 알아주고 일행 앞에서 대우해 줄 것이라는 높은 서비스 기대감으로 인해 허용할 수 있는 서비스 영역의 범위가 상대적으로 좁아지는 경향이 있다.

3 구전 및 커뮤니케이션

고객은 제품이나 서비스를 구매하기 전에 주변 지인에게 서비스 경험담이나 조언을 구하고 관련 정보를 찾아보는 경우가 많다. 구전은 해당 서비스를 이미 경험한 사람들의 이야기라는 점에서 쉽게 신뢰를 형성하고, 결과적으로 고객이 서비스 기대 수준을 형성하는 데 가장 강력한 정보로 활용된다. 구전 커뮤니케이션은 개인적 원천, 전문적 원천, 파생적 정보의 원천에 따라 확인하는 것이 일반적이다.

(3) 상황적 요인

1 구매 동기

서비스 기대 수준은 제품이나 서비스를 구매하고자 하는 이유에 따라 달라지기도 한다. 예를 들어 해외 가족 여행을 계획할 때와 업무상 비즈니스 해외 출장을 준비할 때에는 각기 다른 서비스 기대치를 갖고 그에 맞는 제품과 서비스를 탐색하게 된다.

2 소비자 기분

소비나 구매 당시 고객의 심리 상태가 좋을 때에는 심리적 관용의 범위가 넓어지므로 상대적으로 서비스 기대에 대한 허용 영역의 범위가 넓어지고 최저 서비스 수준이 쉽게 낮아지는 경향이 있다.

3 날씨

날씨도 고객의 서비스 기대 수준에 영향을 미친다. 실제로 날씨가 좋을 때와 나쁠 때 고객의 서비스에 대한 기대 수준이 다르게 나타난다. 서비스에 대한 희망 수준은 동일하지만, 날씨가 나쁘면 예상 서비스 기준은 낮아지는 것이 일반적이다.

4 시간적 제약

구매 상황에서 시간에 쫓기거나 긴급하다면, 서비스에 대한 기대 수준이 낮아진다. 시간적 제약이 있는 서비스의 경우, 고객도 정상적 상황에서 기대할 수 있는 서비스 수준을 정해진 시간의 제약에 맞춰 변경할 수 있다.

(4) 기업 요인

1 판촉

서비스 과정에서 기업이 제시하는 대고객 약속은 고객으로 하여금 기대되는 서비스 수준을 형성하고 서비스를 예상하게 된다. 따라서 서비스 제공자는 서비스 품질 관리의 차원에서 고객에게 과대한 약속을 하지 않는 것이 바람직하며, 고객과 한 약속은 반드시 지키려고 노력하는 신뢰성을 유지하는 것이 중요하다.

2 가격

가격이 높을수록 서비스 기대 수준이 높아지는 반면, 서비스의 허용 영역이 줄게 된다. 적정한 가격 설정으로 고객의 기대 수준을 높여 구매를 늘리되, 반드시 그에 걸맞은 서비스 품질 관리를 통해 고객의 기대를 관리해야 한다.

3 유통

브랜드 자산을 구축하고 다수의 서비스를 제공하는 서비스 체인점 및 가맹점이 많을수록 서비스 기대 수준이 강화되는 경향이 있다. 서비스의 이용 가능성과 접근성이 높다고 판단한 고객은 서비스 기업의 각 점포에서 거의 비슷한 수준으로 양질의 서비스를 받을 수 있으리라는 높은 기대를 하게 된다.

4 서비스 직원

서비스 접점 단계에서 직원의 용모, 말씨, 태도, 표정 등 고객과의 커뮤니케이션 요소가 서비스 기대 수준에 영향을 미친다. 따라서 고객 접점에서 근무하는 서비스 직원들은 고객 기대에 부응하는 자기 관리와 이미지메이킹을 비롯하여 다방면의 업무 전문성을 지속적으로 향상시키도록 노력해야 한다.

5 유형적 단서

고객이 제품이나 서비스를 처음 경험한 순간부터 구매를 결정하는 일련의 과정에서 느낄 수 있는 다양한 하드웨어적 요소를 모두 포함한다. 가장 쉬운 예로 고객은 서비스 매장 시설, 외부 구조, 내부 인테리어, 실내 조명과 장식, 매장의 음향과 청결도 등으로 서비스 품질을 평가하므로 항상 최상의 상태로 유지될 수 있도록 관리에 힘써야 한다.

6 기업 이미지

고객의 서비스 기대 수준은 기업에 대한 이미지가 좋을수록 높아진다. 고객이 서비스 제공업체에 대해 긍정적인 이미지를 지녔다면 그 기업에서 제공하는 서비스 역시 좋을 것으로 기대하게 되는 것이다.

7 고객 대기시간

대기시간에 대한 고객의 인식은 서비스 기대에 영향을 미친다. 경영학자인 데이비드 마이스터(David Maister)에 의하면, 고객의 대기 관리는 다양한 상황에서 느끼는 고객의 심리를 기반으로 효과적으로 관리하는 것이 중요하다고 설명한다.

8 다른 고객

고객은 다른 고객들이 받은 서비스와 비교하여 자신의 서비스 기대 수준을 변경하기도 한다. 즉, 다른 고객들이 어떻게 서비스를 제공받는지 관찰함으로써 자연스럽게 자신이 받을 서비스의 수준을 기대하게 된다.

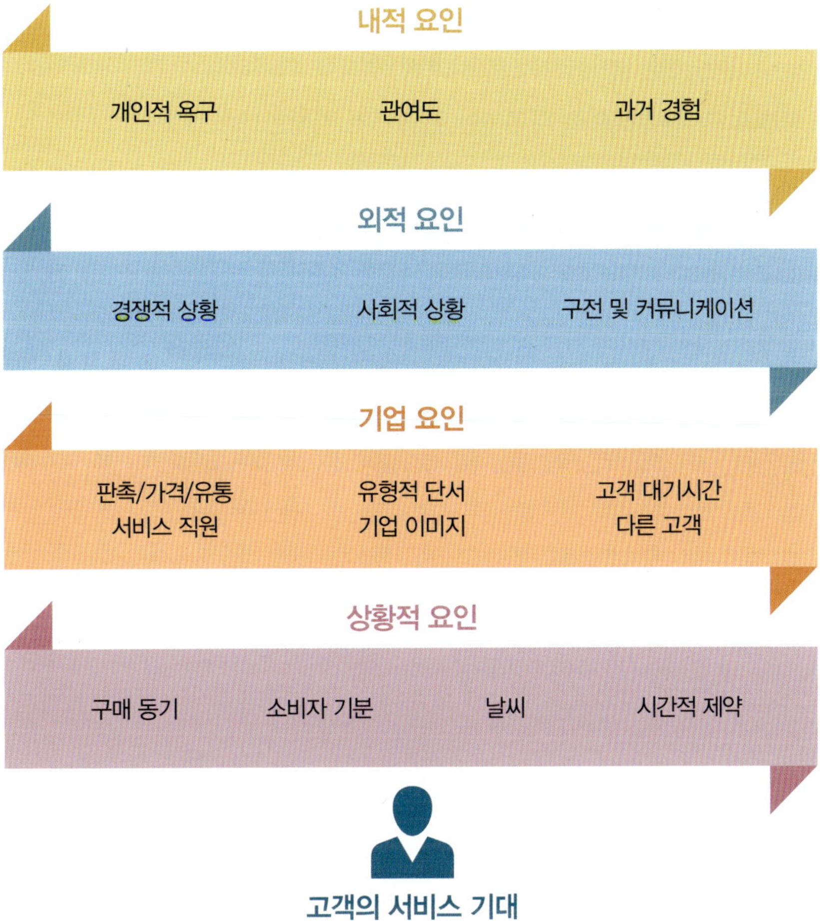

그림 2.4 서비스 기대에 영향을 미치는 요인

3) 서비스 기대 관리

고객이 기대하는 바를 올바로 이해하기 위해서는 객관적이고 지속적인 마케팅 조사를 수행하여 고객의 기대를 확인할 필요가 있다. 이 조사에는 제품이나 서비스를 구매하기 전, 구매/소비 단계, 구매 후 단계라는 전 과정이 포함되어야 한다. 또한 내부 고객을 만족시키기 위해서는 종업원들에게 직무 동기를 부여하는 작업 환경, 업무 관리 및 형평성 있는 인사 관리 정책 등을 효과적으로 운영, 관리해야 한다. 이를 통해 내부 고객인 종업원들이 자연스럽게 담당 직무에 만족하고 고객 지향적 서비스에 집중할 수 있도록 한다.

(1) 외부 마케팅 조사

신뢰할 수 있는 전문 조사 기관 또는 조사 부서에 의뢰하여 고객들에게 정보를 수집하는 방법으로, 일반적으로 다음 6단계를 거쳐 진행한다.

- 1단계 : 문제와 조사 목적 정의
- 2단계 : 서비스 측정 방법 개발
- 3단계 : 조사 프로그램 실행
- 4단계 : 데이터 수집과 정리
- 5단계 : 분석과 발견점 해석
- 6단계 : 발견사항 보고

예

귀하는 A 상품과 브랜드를 친구나 동료에게 추천할 의향이 있습니까?

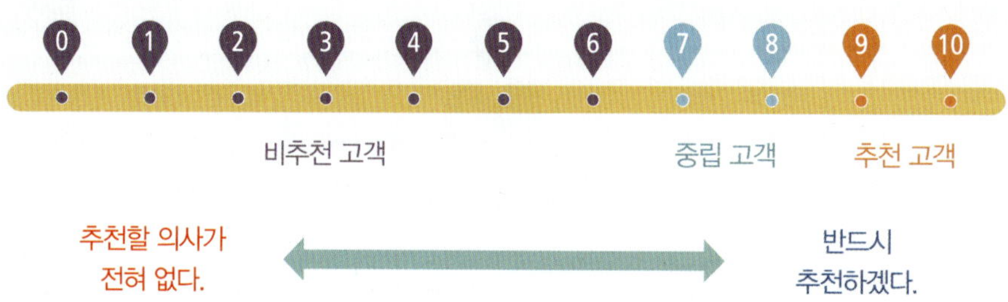

그림 2.5 설문으로 분류하는 고객 성향 예시

(2) 내부 마케팅 조사

VOC(Voice Of Customer) 시스템을 구축하여 서비스 제공자인 기업의 최고 경영자가 직접 고객의 소리를 듣거나, 중간 고객인 서비스 유통업체 또는 내부 고객인 직원들을 통해 정보를 얻는 방법이다. 기업은 고객의 다양한 소리에 귀를 기울여 그들의 요구와 숨은 니즈를 정확히 파악하고, 서비스 제공자의 입장에서 최대한 수용하여 고객 불만을 최소화하기 위해 노력한다.

Zero Complaint을 위한 기업 차원의 노력

- 경영진의 고객 방문
- 고객의 소리
- 직원의 소리 또는 제언
- 중간 고객 및 내부 고객에 대한 조사

(3) 구매 단계별 고객 기대 관리

1 구매 전 단계

- 고객의 기대 파악 : 전문 콜센터, 영업사원, 서비스 직원 등을 적극 활용하여 요즘 고객이 어떤 것에 관심이 있고 무엇을 선호하는지 등을 정확하게 이해한다.
- 제공할 서비스 홍보 : 광고, 판촉, 방문 판매 등 우수한 상품에 대한 적극적인 마케팅을 통해 제품과 서비스에 대한 고객의 기대를 조성하고 구전 효과를 높이며 좋은 이미지를 갖도록 한다.

2 구매와 소비 단계

- 서비스 접점 단계(MOT)에서 고객과의 지속적인 양방향 커뮤니케이션을 유지하는 것이 중요하다. 이 단계에서 고객이 고객 접점 서비스 직원과 기분 좋고 긍정적인 관계를 경험하게 되면, 고객 만족도가 상승한다.
- 고객의 기대 충족을 위해 서비스 수정이 불가피한 경우, 실시간 고객 만족 서비스 제공을 위해 추가의 노력을 기울인다. 서비스 수정이 발생한 이유를 알리고 그로 인해 고객이 겪은 다양한 경험들을 표현하고 해결하는 공적 소통 채널이 필요하다.

3 구매 후 단계

- 구매 이후의 사후 관리 프로그램을 개발하여 다양한 피드백을 통해 고객의 반응과 기대를 체계적으로 관리해야 한다.
- 공식적인 고객 불만 처리 프로그램을 활성화하여 고객 불만을 최소화하려는 노력과 함께, 고객의 재구매를 유도하고 고객의 긍정적 기대를 유지시키려는 노력도 필요하다.

학습 정리

학습 목표

오늘날 서비스 경제 사회에서 고객의 개념이 어떤 것인지 파악하고 고객의 기대 관리를 단계별로 구분하여 이해할 수 있다.

1. 고객 분류

- 내부 고객 : 가치 생산에 직접 참여하는 고객을 말하며, 서비스 제공자인 기업 내부의 종업원 및 그 가족과 주주의 범위가 포함된다.
- 외부 고객 : 기업이 생산한 가치를 사용하고 최종 소비하는 고객을 말한다.

2. 고객의 서비스 기대 모델 이론

구분	내용
이상적 서비스	서비스를 제공받고자 하는 고객이 기대할 수 있는 최상의 서비스 수준(Wished-for)을 말한다.
희망 서비스	제공받을 서비스에 대한 고객의 희망 수준으로 바람과 소망을 뜻한다.
허용 영역	희망 서비스 수준과 적정 서비스 수준 사이의 영역으로 서비스 실패가 쉽게 발각되지 않기도 하므로 미발각 지대라고도 한다.
적정 서비스	고객이 불만 없이 받아들일 만한 서비스 수준, 즉 최소한의 허용 가능한 기대 수준 또는 수용할 수 있는 성과의 최하 수준을 말한다.
예측되는 서비스	고객이 서비스를 제공받을 때 기대하는 서비스 수준 전체를 의미한다.

3. 고객의 다양한 서비스 기대 요인

내적 요인	외적 요인	기업 요인	상황적 요인
개인적 요구	경쟁적 상황	판촉/가격/유통	구매 동기
관여도	사회적 상황	서비스 직원	날씨
과거 경험	구전 및 커뮤니케이션	다른 고객/기업 이미지/유형적 단서	시간적 제약

심화 학습

학습 목표

다양한 기준에 따라 고객의 범주를 구분하고, 각 구분에 해당하는 고객의 특성에 기반하여 대기 관리의 개념과 필요성을 설명할 수 있다.

1. 고객 분류

■ 기업에 이익을 주느냐의 여부에 따른 분류

구분	내용
잠재 고객	기업이 제공하는 제품이나 서비스에 대해 인지하지 못하거나, 인지하더라도 전혀 관심이 없는 고객
가망 고객	기업이 제공하는 제품이나 서비스에 대해 인지하며, 어느 정도 관심을 보이는 고객
신규 고객	기업이 제공하는 제품이나 서비스를 처음 구매하여 거래를 시작한 고객
기존 고객	기업이 제공하는 제품이나 서비스를 어느 정도 지속적으로 사용하여 반복 구매가 가능한 고객, 기업에서 별도의 고객 데이터를 관리할 수 있는 고객
충성 고객	기업이 제공하는 제품 및 서비스에 대한 충성도가 높은 고객, 별도의 커뮤니케이션이 없어도 기업의 관련 제품이나 서비스를 구전을 통해 긍정적으로 전파하는 고객

■ 고객의 행동 결과에 따른 분류

구분	내용
비자격 잠재자	자사 제품에 대한 필요성을 전혀 느끼지 않거나 구매력이 없다고 확실하게 판단되는 소비자로, 목표 고객에서 제외함
구매 용의자	자사의 상품을 구매할 능력이 있는 모든 사람
구매 가능자	자사의 상품을 필요로 할 수 있으며 구매력이 있는 사람으로 자사 상품에 대한 정보를 보유함
최초 구매자	자사 상품을 1회 구매한 소비자로, 자사 고객 또는 타 경쟁사의 고객이 될 수 있음
반복 구매자	자사 제품을 적어도 2회 이상 구매한 소비자
비활동 고객	자사 고객이었으나 정기적인 구매 시기가 지났음에도 더 이상 구매하지 않는 사람
단골 고객	자사와 지속적인 유대관계를 맺고 경쟁사의 전략에 쉽게 동요하지 않는 소비자
옹호 고객	단골 고객 중 자사 상품에 대해 다른 사람들에게 적극적으로 긍정적 구전 활동을 하는 소비자

■ 참여 관점에 따른 분류

구분	내용
의사 결정 고객	직접 고객(1차 고객)의 선택에 큰 영향을 미치는 개인이나 집단으로, 직접 구입하거나 비용을 지불하지 않는 고객
의견 선도 고객	제품과 서비스의 평가, 심사, 모니터링 등에 영향을 미치는 집단 (소비자 보호 단체, 평론가, 전문가 등)
법률 규제자	소비자 보호나 관련 조직의 운영에 적용되는 법률을 만드는 의회나 정부
한계 고객	기업의 이익 실현에 해가 되는 De-marketing의 대상이 되는 고객으로, 고객 명단에서 제외하거나 해약을 유도하는 등으로 고객 활동이나 가치를 중단시킴
체리 피커 (Cherry Picker)	제품이나 서비스 구매 실적은 좋지 않으나, 기업의 서비스 체계, 유통 등의 허점을 이용하여 실속을 챙기는 소비자
얼리 어댑터 (Early Adopter)	신제품 출시의 경우 가장 먼저 구입하여 평가를 내린 뒤 주위에 제품 정보를 알려 주는 소비자
블랙 컨슈머 (Black Consumer)	구매한 제품이나 서비스의 하자를 문제 삼아 고의적으로 피해를 입은 것처럼 하여 기업에 과도한 보상을 요구하는 소비자

2. 고객의 대기 관리

■ 고객 대기 관리의 중요성

영국의 경영학자 데이비드 마이스터(David Maister)에 따르면, 고객이 구매하기 위해 '대기'하는 시간은 대부분 지루함, 비효율적 시간 관리 등의 부정적 경험으로 연결되기 쉽다. 따라서 대기시간의 효과적인 관리는 고객의 재구매를 유도하는 중요한 고객 만족 관리의 요소라고 할 수 있다.

■ 고객 대기 관리의 8가지 기본 원칙

- 언제 서비스를 받을지 모르는 채 무턱대고 기다릴 때 대기가 더 길게 느껴진다.
- 아무 일도 안 할 때 대기가 더 길게 느껴진다.
- 구매 전일 때 대기가 더 길게 느껴진다.
- 걱정거리가 있을 때 대기가 더 길게 느껴진다.
- 원인을 모르고 기다릴 때 대기가 더 길게 느껴진다.
- 불공정할 때 대기가 더 길게 느껴진다.
- 가치가 적을수록 대기가 더 길게 느껴진다.
- 혼자 기다릴 때 대기가 더 길게 느껴진다.

3. 고객 대기 관리의 분류

기업은 서비스 방법을 변화시켜 고객의 대기시간을 관리하는 생산 관리 기법과 고객이 느끼는 체감 대기시간을 줄여 주는 고객 인식 관리 기법으로 나누어 고객의 대기시간을 효과적으로 관리해야 한다.

■ **생산 관리 기법**

구분	방법 예시
예약 활용	병원, 패밀리 레스토랑, 항공사 등 예약 시스템 도입
커뮤니케이션 활용	혼잡한 시간 및 한가한 시간 안내, 업무 프로세스를 이메일로 사전 안내
공정한 대기 시스템 구축	공평한 대기선 활용, 대기 번호표 사용, Express Line 활용
대안 제시	내방 고객에게 인터넷 등록 사용 안내, ARS, 자동 이체 및 전화, 인터넷 활용법 안내

■ **고객 인식 관리 기법**

구분	방법 예시
서비스 시작 안내	도우미를 활용한 안내, 접수 대행, 상담
예상 대기시간 안내	예상 대기시간 사전 안내(전광판 등 활용)
고객 유형에 따른 대응	업무별로 고객 창구 다원화 (단순업무는 ATM기 안내, 고객상담창구 이원화)
이용되지 않는 자원 숨기기	고객과 상호작용하지 않는 업무는 고객 가시권 범위 밖에서 진행하여 고객 대기가 지연된다는 불필요한 오해 요소를 사전 제거

CHAPTER 03

서비스 마케팅의 이해

오늘날의 경쟁적 시장 상황에서 선두를 점하기 위해서는 다양한 마케팅 전략이 필요할 것이다. 신규 고객의 수를 늘리는 마케팅부터 기존 고객을 확실하게 충성 고객으로 만드는 다양한 마케팅 전략 활동이 경영 관점에서 매우 중요할 것이다. 이 장에서는 고객 서비스 마케팅 개념과 전략 수립 과정을 알아보고자 한다.

1. 서비스 마케팅의 특성

1) 서비스 마케팅의 개념 변천

마케팅은 무엇인가? 많은 학자들이나 사람들은 마케팅을 다양한 의미로 정의한다. 대표적으로 미국 마케팅 협회는 마케팅을 '생산자로부터 소비자에게로 제품과 서비스가 이동하는 흐름을 관리하는 상업 활동의 실행'이라고 정의한다. 그러나 마케팅의 적용 범위나 영역은 경제 사회의 발전과 더불어 계속 확대하며 발전해 왔다. 이에 미국 마케팅 협회가 현대적으로 정의한 마케팅의 개념은 '개인과 조직의 목적을 충족하는 교환을 창출하기 위해 아이디어나 제품, 서비스의 고안, 가격 책정, 판촉, 유통을 계획하고 실행하는 과정'이다.

© Getty Images Bank

그렇다면 서비스 마케팅이란 무엇일까? 서비스 마케팅은 기본적으로 서비

표 3.1 마케팅의 다양한 정의

미국 마케팅 협회 (AMA, 1945)	생산자로부터 소비자나 사용자에게 재화, 서비스가 유통되도록 하는 상업 활동의 실행
코틀러 (Kotler, 1985)	마케팅은 제품이나 가치를 창조하거나 다른 사람과의 교환 과정을 통해 소비자의 욕구와 필요를 충족시키는 인간 활동
미국 마케팅 협회 재정의 (AMA, 1987)	개인과 조직이 목표를 만족시키는 교환을 창조해 내기 위해 아이디어, 제품, 서비스를 정립하는 활동과 가격, 판촉, 유통을 계획하고 집행하는 과정

스를 대상으로 한 마케팅 활동이라고 할 수 있다. 이 책에서는 현대적 마케팅의 여러 정의에 기초하여 서비스 마케팅을 다음과 같이 정의한다.

"서비스 마케팅은 서비스를 통해 고객의 필요와 욕구를 충족시킴으로써 마케팅 목표를 달성하려는 기업들의 활동이다."

다시 말해, 일반 마케팅이 제품에 초점을 맞춘 마케팅 활동이라면 서비스 마케팅은 사람에게 초점을 맞춘 마케팅 활동이라고 할 수 있다.

서비스 마케팅의 발전사를 보면, 1950년대에 이르러 서비스 마케팅을 인식하게 되었지만 서비스 기업들은 대부분 정부의 규제를 통해 보호를 받았기 때문에 별도의 마케팅 활동을 할 필요가 없었고 서비스 마케팅에 대한 기업의 관심도 역시 저조했다. 서비스 마케팅은 1980년대에 본격적으로 연구되기 시작하면서 다음 단계를 거쳐 발전했다.

표 3.2 서비스 마케팅의 빌진사

제1단계(기는 단계)	제2단계(걸음마 단계)	제3단계(직립 보행 단계)
• 1953년 시작 • 발견과 위험 감수의 시기 • 서비스의 특성과 개념 정립 • 제품 VS 서비스 논쟁	• 1980~1986년 • 서비스 품질과 서비스 접점에 초점 • GAP 모델 개발 • 확장된 마케팅 믹스 개발	• 1986년 이후 • 구체적인 마케팅 문제에 초점 • 서비스 특성에 따른 서비스 문제 지적

2) 서비스 수익 체인

서비스 수익 체인(Service Profit Chain)은 1990년대 하버드 대학의 연구진 헤스켓(J. Heskett), 새서(E. Sasser), 슐레진저(L. Schlesinger) 등이 발표한 비즈니스 이론 모형이다. 그들의 주장에 따르면, 이 이론은 고객 충성도, 만족도, 가치면에서 우수한 서비스 경험이 기업의 재무 성과(매출 성장과 수익성)와 직접적 관계가 있음을 입증했다. 즉, 기업은 경쟁 기업과 차별화되는 여러 가지 경영 원칙이나 실무 등의 영향을 받기도 하지만, 서비스 수익 체인을 이해하고 그 개념에 따라 기업을 운영해야 성공적인 결과를 얻을 수 있다.

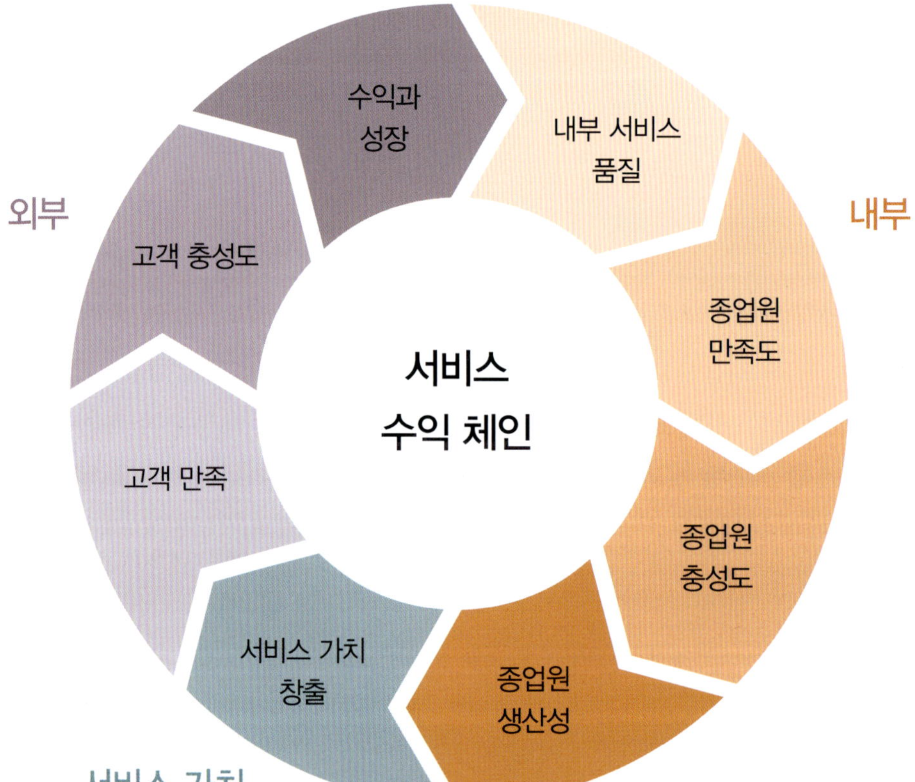

그림 3.1 서비스 수익 체인 구성도

1 내부

내부 서비스 품질 ➡ 종업원 만족도 ➡ 종업원 충성도 ➡ 종업원 생산성

- 내부 서비스 품질은 종업원 만족을 가져온다.
- 종업원 만족도는 종업원의 충성도를 가져온다.
- 종업원 충성도는 종업원 생산성을 가져온다.

2 서비스 가치

종업원의 생산성은 서비스 가치의 창출을 가져온다.

3 외부

고객 만족 ➡ 고객 충성도 ➡ 수익과 성장

- 서비스 가치는 고객 만족을 가져온다.
- 고객 만족은 고객 충성도를 높인다.
- 수익과 성장은 고객 충성도에 연결되어 있다. 고객 충성도가 5% 상승하면 수익은 25~85% 증가한다.

서비스 수익 체인의 연결 관계에 따른 중요 포인트

- 고객 충성도는 수익성과 성장을 유발한다.
- 고객 만족은 고객 충성도를 높인다.
- 서비스 가치는 고객 만족을 유도한다.
- 종업원 생산성은 가치를 유발한다.
- 종업원 충성도는 종업원 생산성을 유발한다.
- 종업원 만족은 종업원 충성도를 유발한다.
- 내부 품질은 종업원 만족을 가져온다.

내부 품질이란?
업무 설계, 종업원 선발과 교육, 종업원 보상과 인정, 권한위임 등 내부 고객의 만족도에 영향을 미치는 요소들을 의미한다.

2. 서비스 연구 모형

1) 서비스 마케팅 삼각형

서비스 마케팅 삼각형은 서비스 기업이 성공하기 위해 수행해야 하는 세 가지 유형의 마케팅을 일컫는 것으로, 서비스 기업이 고객과 약속하고 이를 준수하는 것과 관련된 마케팅 활동을 말한다. 이 모형은 경영 컨설턴트인 칼 알브레히트(Karl Albrecht)가 서비스 마케팅의 주요 요소인 기업의 내부 시스템과 서비스 전략, 종업원, 고객의 관계를 도식화하여 삼각형으로 제시한 것이다.

이 모형에 의하면, 마케팅에는 제조업 마케팅을 의미하는 '외부 마케팅' 외에, 고객과 직접 접촉하여 서비스를 제공하는 직원과 고객 간의 '상호작용적 마케팅', 직원이 고객에게 최상의 서비스를 제공할 수 있도록 지원하고 교육하는 '내부 마케팅'이 필요하다.

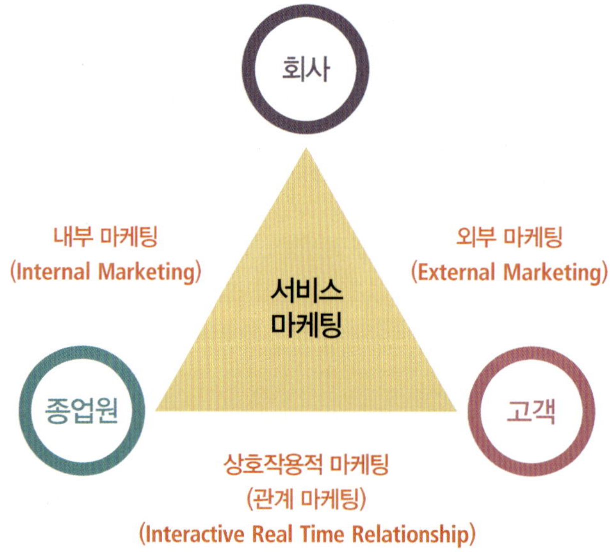

그림 3.2 칼 알브레히트의 서비스 마케팅 삼각형 모형

삼각형의 오른쪽은 기업이 고객의 기대를 설정하고 고객에게 제공할 것을 약속하는 외부 마케팅을 의미한다. 서비스가 제공되기 전에 고객과 주고받는 커뮤니케이

션이 모두 외부 마케팅 활동이라 할 수 있다. 서비스 기업에는 광고나 판촉, 판매, 홍보 등 전통적인 커뮤니케이션의 요소가 많이 있다.

삼각형의 아래쪽에는 서비스를 제공하는 종업원과 고객 간의 상호작용적 마케팅 또는 관계 마케팅이 위치한다. 기업의 직원들은 고객과 직접 접촉하여 상호작용하며 서비스를 제공한다. 기업이 외부 마케팅을 통해 고객에게 약속한 서비스를 직원들이 상호작용적 마케팅으로 고객에게 제공하게 된다. 이때 외부 마케팅을 통해 약속한 서비스와 상호작용적 마케팅으로 실제 제공하는 서비스를 일치시키는 일은 매우 중요하다. 고객에게 약속한 서비스가 지켜지지 않으면 외부 마케팅은 무의미해진다.

삼각형의 왼쪽에는 종업원이 고객에게 한 약속을 잘 지킬 수 있게 해 주는 내부 마케팅이 자리한다. 즉, 내부 마케팅이란 직원을 최초의 고객으로 간주하고 그들에게 서비스 마인드나 고객 지향적 사고를 심어 주며 더 좋은 성과를 내도록 동기부여하는 활동이라고 정의할 수 있다. 만일 종업원들이 고객과의 약속을 이행할 의지나 능력이 없다면 그 기업은 약속을 지킬 수 없게 되고, 결국 서비스 마케팅 삼각형은 무너질 것이다.

표 3.3 서비스 마케팅 삼각형 모형의 특징

내부 마케팅 (기업 – 종업원)	외부 마케팅 (기업 – 고객)	상호작용적 마케팅 (종업원 – 고객)
• 서비스의 품질 관리를 위해 내부 직원을 교육, 훈련하고 이들에게 동기를 부여하는 마케팅 활동이다. • 내부 마케팅은 외부 마케팅에 앞서 우선적으로 수행한다.	• 서비스 산업에서도 CEO는 고객을 조사하고, 고객에게 제공할 서비스를 설계, 디자인하여 제공할 서비스의 품질을 약속한다.	• 서비스 기업의 직원들이 직접적으로 고객과 접촉하면서 실제 서비스를 제공한다. • 실시간(Real Time) 마케팅이라고도 한다.

서비스 제공 시 직원이 매우 중요한 이유

- 직원 자체가 서비스이기 때문이다.
- 직원은 고객의 눈에 비치는 조직 그 자체이기 때문이다.
- 직원이 곧 마케터이기 때문이다.

2) 상호작용적 마케팅(관계 마케팅)

상호작용적 마케팅은 관계의 대상과 범위에 따라, 또 연구 대상 산업과 연구 방법에 따라 다양하게 정의된다. 상호작용적 마케팅의 일차원적 개념은 기업과 고객의 상호관계 차원에서 정의되며, 일반적으로 협의의 관계 마케팅 개념이라 할 수 있다. 관계 마케팅의 개념을 최초로 서비스 산업에 도입한 베리(Berry)는 "상호작용적 마케팅이란 소비자와의 관계를 창출하고 유지, 강화하는 마케팅 활동이다"라고 규정했다.

한편 광의의 상호작용적 마케팅 개념은 고객을 비롯하여 종업원, 공급자, 경쟁자, 정부 등 다양한 기업 파트너들과의 관계 차원에서 정의되거나 기업 파트너와의 안정적인 관계 구조에 초점을 두고 정의된다. 이와 같은 다양한 관점에서 바라본 정의를 종합하면, 상호작용적 마케팅의 의미는 다음과 같다.

"상호작용적 마케팅은 고객, 구매자, 공급자, 경쟁자 등의
기업 파트너들과 장기적인 유대 관계를 창출하고 유지, 강화함으로써
기업의 수익 증대를 도모하는 마케팅 활동이다."

상호작용적 마케팅의 목적

- 장기적 관계를 유지할 만한 신규 고객 창출
- 기존 고객 유지
- 고객 관계 강화

© Getty Images Bank

상호작용적 마케팅에서 추구하는 기본적인 목표는 기업의 수익에 도움이 되는 고객과 관계를 구축하고 유지하는 것이다. 상호작용적 마케팅에서 다루는 관계는 '장기적 관계'를 기초로 하며, 장기적 관계 관리를 통해 얻게 된 고객 관계는 지속적 경쟁 우위의 원천이 된다.

과거에는 서비스 마케팅에서 주로 거래 마케팅 전략이 사용되었으나 최근에는 상호작용적 마케팅 전략이 사용되고 있다. 따라서 거래 마케팅과 상호작용적 마케팅을 비교하고자 한다.

표 3.4 거래 마케팅과 상호작용적 마케팅의 비교

구분	거래 마케팅(전통적 마케팅)	상호작용적 마케팅(관계 마케팅)
마케팅 전략	신규 고객의 창출	기존 고객의 유지 및 관리
초점	제품 판매 교환 객체인 제품 단기적 교환	고객 유지 교환 주체인 거래 파트너 장기적 관계
목표	거래 성과	고객 관계의 형성과 유지, 강화
가격 민감도	높음	낮음
품질 차원	제품의 질(결과) 중시	상호작용의 질(과정) 중시
내부 마케팅	중요하지 않음	매우 중요한 성공 요인임
고객 서비스	별로 강조하지 않음	매우 강조함
커뮤니케이션 방향	일방적 커뮤니케이션	양방향 커뮤니케이션

상호작용적 마케팅의 특징

- 신규 고객의 창출보다 기존 고객의 유지 및 관리에 더 초점을 맞춘다.
- 고객과의 단기적인 거래 실적보다 장기적인 고객 생애 가치에 중점을 둔다.
- 마케팅 초점을 고객에게 맞추고 고객을 기업 동반자로 인식한다.
- 마케팅 목표는 거래 성과보다 고객과의 관계 형성, 유지, 강화에 있다.
- 고객 접점에서의 내부 마케팅과 상호작용을 중요시한다.
- 품질 차원에서는 기술적 질보다 기능적 질 또는 과정의 질을 중시한다.

3) 서비스 마케팅 삼위일체

서비스 마케팅 삼각형의 세 면을 이루는 각 요소는 모두 서비스 마케팅에서 매우 중요하다. 이중 어느 한 면이라도 미흡하다면 성공적인 서비스 마케팅을 이끌어 낼 수 없을 것이다. 따라서 내부 마케팅, 외부 마케팅, 상호작용적 마케팅 간에 균형을 유지하는 일은 서비스 마케팅의 성패를 좌우하는 결정적 요소라고 할 수 있다.

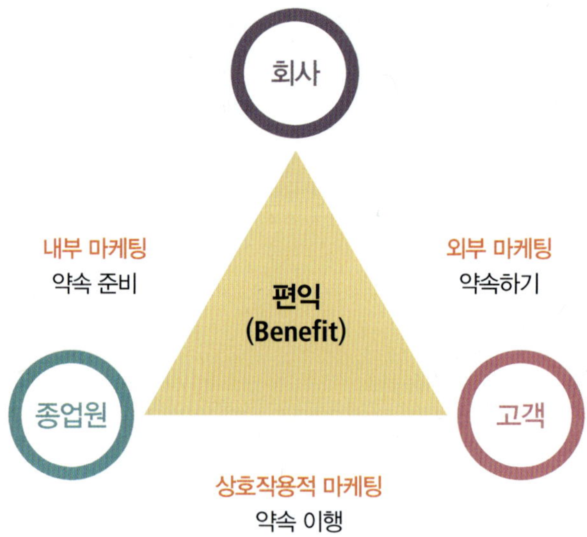

그림 3.3 서비스 마케팅 삼위일체 모형의 구조

항공사의 예를 들어 서비스 마케팅을 설명해 보자. 소비 주체인 고객이 있고, 직원은 고객 욕구를 충족시키며, 항공사는 고객과 직원이 가장 효율적으로 만족할 수 있는 시스템을 제공한다. 항공사는 고객에게 편익을 제공한다는 약속을 하기 전에 그 약속을 이행할 준비를 한다. 이것이 내부 마케팅이다.

한편 직원과 항공사는 고객을 위해 존재한다. 항공사는 약속할 준비가 완료되면 고객에게 어떠한 서비스를 제공하겠다고 약속한다. 이것이 외부 마케팅이다. 따라서 광고는 포장이 아니라 신뢰를 바탕으로 하는 약속이다.

내부 마케팅과 외부 마케팅이 진행되면 고객이 항공사를 이용한다. 비행기에서 고객과 승무원 간에 이루어지는 상호작용의 모든 과정이 약속을 이행하는 단계로, 이것이 바로 상호작용적 마케팅이며 이때를 고객 접점의 순간이라고 한다.

종합하면, 서비스 마케팅 삼위일체는 이 세 요소 중 어느 한 부분이 없거나 모든 부분이 제 기능을 하지 못하면 성공적인 서비스 마케팅과 서비스 관리가 불가함을 강조한다.

3. 고객 서비스 마케팅 전략 수립

일반적으로 기업이 고객의 니즈와 욕구에 부합하는 제품 및 서비스 상품을 기획, 가격 책정, 홍보, 유통하는 일련의 과정을 설계하는 것을 마케팅 전략 계획 수립이라고 한다. 이와 같이 기업이 전략을 수립하기 위해 설계하는 마케팅 방안은 크게 2가지로 구분할 수 있다. 첫째는 전체 시장의 욕구를 동질적으로 보고 규모의 경제에 기초를 둔 대량 마케팅을 지향하는 방법이다. 둘째는 전체 시장의 욕구를 이질적으로 보고 고객 집단별 시장 세분화에 기초하여 선정된 표적 시장을 대상으로 표적 마케팅을 지향하는 방법이다.

최근 고객 욕구 충족과 소비자 만족을 지향하는 현대 마케팅 전략의 초점은 바로 표적 마케팅으로 모아진다. 오늘날의 마케팅 활동은 불특정 다수의 소비자를 대상으로 전개하는 것이 아니라 전략적 결정을 통해 특정 고객 집단을 대상으로 표적 마케팅을 전개하지 않으면 안 된다.

전통적인 제조 중심의 사회에서는 마케팅의 목적을 상품 판매를 위한 시장 점유율 확보에 초점을 두었다. 그러나 현대 사회의 마케팅은 상품 자체의 홍보에 그치지 않고 기업이 제공하고자 하는 가치와 고객이 요구하는 가치의 상호 교환 및 고객 참여로 인한 새로운 가치의 공동 창출에 많은 관심을 두기 때문이다.

1) 상황 분석

마케팅 전략을 수립하고자 한다면 맨 처음 할 일은 해당 제품과 시장에 대한 마케팅 계획을 수립하는 것이다. 상황 분석을 세분화하면 시장 조사와 소비자 분석으로 나뉜다. 시장 조사가 시장 전체의 거시적 정보를 확보한다면, 소비자 분석은 소비자 개개인의 특성과 행동 패턴, 성향 등을 자세하게 파악하기 위해 정보를 수집하고 분석하는 활동이다. 상황 분석에서 얻은 자료를 토대로 S(Segmentation, 시장 세분화)–T(Targeting, 표적 시장 선정)–P(Positioning, 서비스 포지셔닝) 전략을 수립할 수 있다.

이러한 상황 분석은 결코 쉽지 않은데, 그 이유는 기업을 둘러싼 다양한 환경 요인들이 서로 영향을 미치면서 시시각각 변화하기 때문이다. 따라서 서비스 경영자는 특히 외부 환경 요인의 변화에 주목하고 그 변화에 대응할 방안을 경쟁자보다 한 발 먼저 마련해야 경쟁에서 앞설 수 있다.

그림 3.4 마케팅 전략 계획의 수립 과정

출처 : 박오성, 박영식(2020), 고객 만족을 위한 서비스 경영론, 218쪽, 한올출판사

표 3.5 시장 분석과 소비자 분석

시장 조사	소비자 분석
• 비즈니스가 행해지고 있는 시장의 특성과 현황 관련 정보를 수집하고 분석하여 마케팅에 반영할 수 있도록 가공한다. • 시장 조사 활동으로는 시장 점유율 분석, 시장 특성 분석, 지역별 특성 조사, 상권 및 점포 조사, 시장 가능성 평가 등이 있다.	• 소비자와 제품, 가격 책정, 유통 등 시장의 제반 여건에서 기업이 앞으로 주요 목표 대상으로 선정할 소비층 분석과 소비 행동을 연구한다. • 소비 행동을 위한 의사 결정 과정의 형태와 소비 행동에 영향을 미치는 요소를 조사해서 분석하는 과정이다.

REFERENCE

SWOT 분석(Strength–Weakness–Opportunity–Threat)

기업의 내부적 강점과 약점, 외부 환경의 기회 요인과 위협 요인을 체계적으로 파악하여 전략 수립에 적용하는 방법으로 '자신을 알고, 남을 아는 것'이다. 결국 SWOT 분석을 이용한 전략은 ① 강점 극대화 ② 약점 보완 ③ 기회 활용 ④ 위협의 최소화 또는 극복을 위해 수립하는 것이다.

SO 전략(강점–기회 전략)	WO 전략(약점–기회 전략)
기회를 활용하기 위해 강점을 사용하는 전략 예 시장/제품 다각화 전략, 시장 기회 선점 전략, 추가 투자	약점을 극복하거나 제거함으로써 시장의 기회를 활용하는 전략 예 전략적 제휴, 약점 보강 전략
ST 전략(강점–위협 전략)	**WT 전략(약점–위협 전략)**
위협을 회피하기 위해 강점을 사용하는 전략 예 제품 확충 전략, 시장 침투 전략	위협을 회피하고 약점을 최소화하는 전략 예 집중화 전략

2) STP(Segmentation, Targeting, Positioning) 분석

대량 마케팅에서 표적 시장 마케팅으로 이동하는 과정에서 기업은 마케팅을 분산시키는 대신 가장 잘 만들 수 있는 가치에 집중하기 시작했다. 앞서 언급했듯이, 마케팅 관리자는 전체 시장에서 모든 경쟁 기업들과 경쟁하는 것보다 자사가 우위를 점한 제품이나 서비스를 가지고 유망한 세분시장에서 경쟁하는 것이 더 유리함을 인식하게 되었다. STP 전략은 시장 또는 고객을 다양한 영역으로 세분화하여 기업이 제공할 가치와 이익에 부합하는 목표 시장과 고객을 설정하여 차별화된 서비스를 집중적으로 공략하는 마케팅 전략 기법이다.

1 1단계 : 시장 세분화(S : Segmentation)

- 몇 개의 기준으로 가치 있는 다수의 시장으로 분류하는 단계이다.
- 시장은 여러 형태의 고객, 제품, 요구로 형성되므로, 마케팅 관리자는 어느 세분 시장이 기업 목표를 달성하는 데 가장 적합한지 결정해야 한다.

2 2단계 : 표적 시장 선정(T : Targeting)

- 세분화된 시장을 충분히 검토한 후에야 진입할 수 있다. 이 단계에서는 각 세분 시장의 매력도를 평가하여 진입할 세분시장을 하나 이상 선정한다.
- 세분화된 여러 시장 중 자사의 능력과 경쟁 등을 고려하여 표적 시장을 선택한다.

3 3단계 : 서비스 포지셔닝(P : Positioning)

- 시장에서 제품 속성이나 다양한 마케팅 믹스 요인을 이용하여 자사 제품을 소비자의 마음속에 심어 주는 단계이다.
- 자사 제품이 표적 소비자의 마음속에 있는 경쟁 제품보다 더 탄탄하고 독자적으로 바람직한 위치를 잡도록 하는 활동이다.

3) 서비스 마케팅 믹스(Service Marketing Mix) 개발

마케팅 믹스란 마케팅 프로그램과 전략을 개발하기 위해 사용할 수 있는 통제 가능한 마케팅 도구들의 집합을 말하며, 마케팅 믹스의 결과로 얻은 최종 의사결정의 내용을 마케팅 프로그램이라고 한다. 그렇다면 서비스 마케팅 믹스는 어떻게 정의할 수 있을까? 서비스 마케팅이란 자동차, 비누 등의 물건이 아니라 여행업, 항공 운송 같은 활동과 과정에 대한 마케팅을 가리킨다. 이러한 서비스 마케팅은 일반적인 제품 마케팅과 구분되는데, 소비자를 위해 일반 제품을 생산하여 주로 판매하는 제조 기업을 위한 마케팅이 아니라 서비스 기업을 위한 마케팅을 의미하기 때문이다.

고객의 욕구를 충족해 주는 교환을 창출하기 위해서는 마케팅 전략을 수립하고 그에 따라 마케팅 활동을 수행해야 한다. 마케팅 전략의 핵심은 표적 시장을 선정하고 그 시장의 고객 욕구를 충족하는 마케팅 믹스를 개발하는 것이다.

마케팅 믹스는 제품(Product), 가격(Price), 유통(Place), 판매 촉진(Promotion) 등 4개 요소로 구성되는데, 각 요소의 머리글자를 따서 보통 4P라고도 한다. 마케팅 믹스의 4개 구성요소가 서로 영향을 주고받으며 어떻게 조합되느냐에 따라 마케팅 성과는 많은 차이가 나게 된다.

마케팅 믹스의 전략은 이 4개 요소를 조화롭게 계획하고 구성, 운영관리하는 것이다.

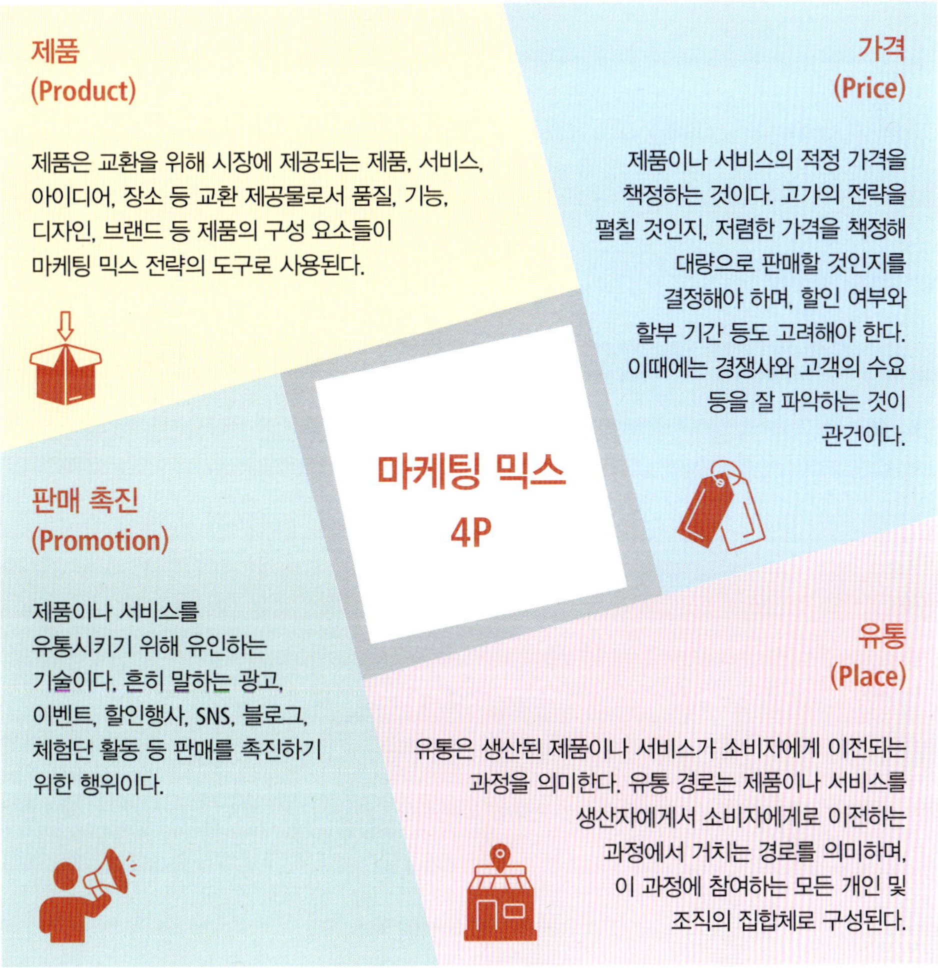

그림 3.5 마케팅 믹스 4P

4) 확장된 마케팅 믹스

기존의 '4P'에 과정(Process), 물리적 근거(Physical Evidence), 사람(People) 등 3P를 추가하여 '확장된 마케팅 믹스 7P'라고 한다.

표 3.6 확장된 마케팅 믹스 3P

구분	내용
사람 (People)	• 구매자 인식에 영향을 주는 모든 행위자 • 모든 사업체는 영업 직원부터 임원까지 회사를 경영하는 사람에게 의존 • 일하는 사람은 제품이나 서비스 못지않게 비즈니스의 가치를 제공하는 주체
서비스 과정 (Process)	• 서비스 전달이나 운영 시스템 • 서비스가 실제로 수행되는 절차나 활동의 메커니즘과 흐름 • 서비스 활동의 흐름(표준화/개별화), 서비스 제공(단순/복잡), 고객의 참여 수준을 결정하는 과정
물리적 근거 (Physical Evidence)	• 서비스를 전달하고 기업과 고객이 접촉하는 환경 • 서비스 제공이나 커뮤니케이션을 용이하게 해 주는 유형적 요소 • 팸플릿, 명함, 간판, 설비, 화장실 등의 제반 요소 포함 • 물리적 근거는 고객에게 일관성 있는 이미지와 강력한 메시지 제공

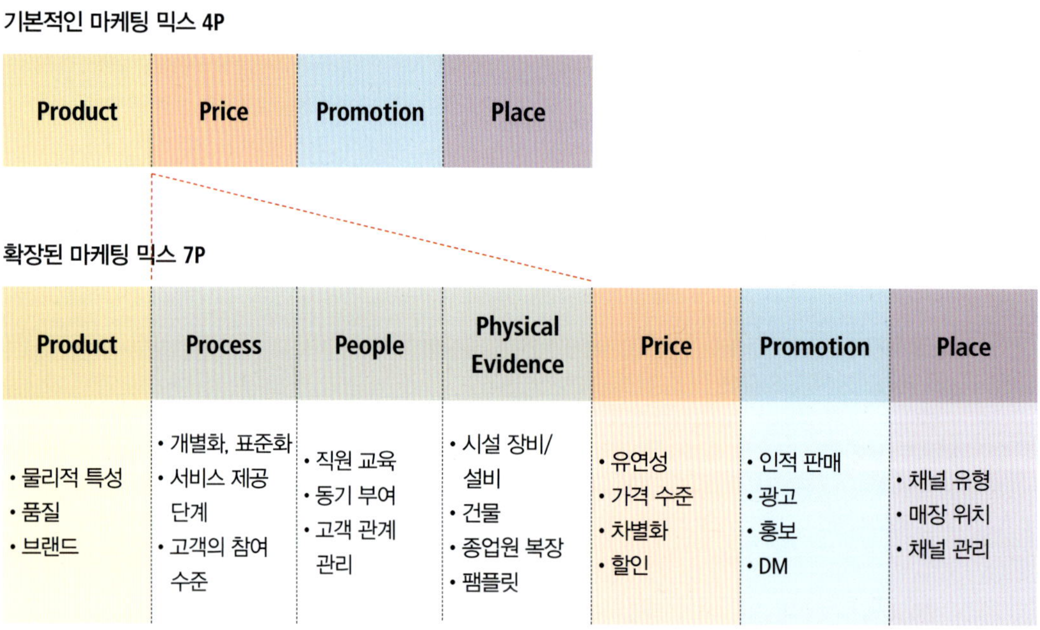

그림 3.6 확장된 마케팅 믹스 7P

학습 정리

학습 목표

고객 서비스 마케팅의 특성을 이해하고 연구 모형을 통해 내부적 관계를 파악하며 고객 서비스 마케팅 전략 수립에 대해 이해할 수 있다.

1. 서비스 수익 체인

서비스 수익 체인(Service Profit Chain)은 1990년대 하버드 대학의 연구자 그룹 헤스켓(J. Hcskctt), 새서(E. Sasser), 슐레진저(L. Schlesinger) 등이 발표한 이론 및 비즈니스 모델이다. 그들의 주장에 따르면, 기업이 이익의 증가와 성장을 하는 데 고객 충성도, 만족도, 가치에 우수한 서비스 경험은 재무 성과(이익과 성장)에 직접적인 관계가 있음을 입증했다.

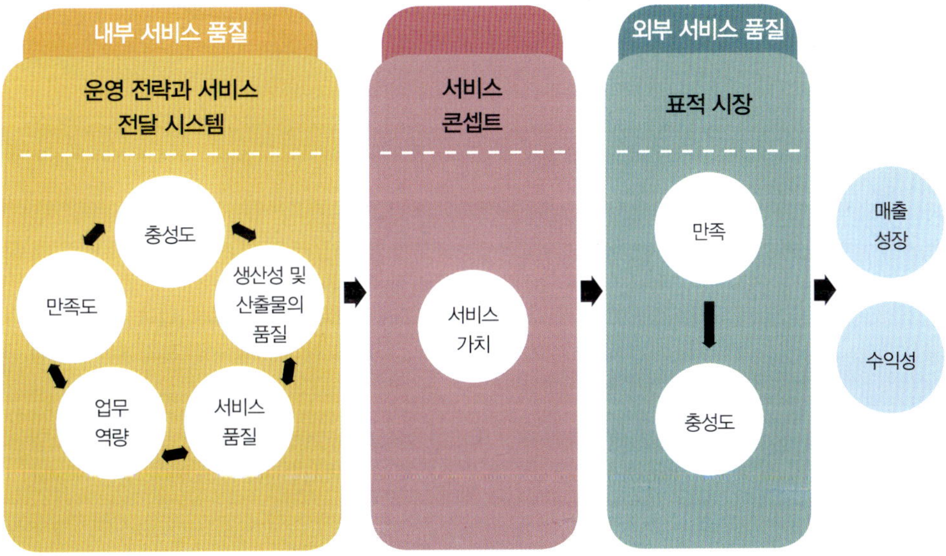

서비스 수익 체인 구조

2. 서비스 마케팅 삼각형

서비스 마케팅 삼각형은 서비스 기업이 성공하기 위해 수행해야 하는 세 가지 유형의 마케팅을 일컫는 것으로서 서비스 기업이 고객에게 약속하고 이를 지키는 것과 관련된 마케팅 활동을 말한다.

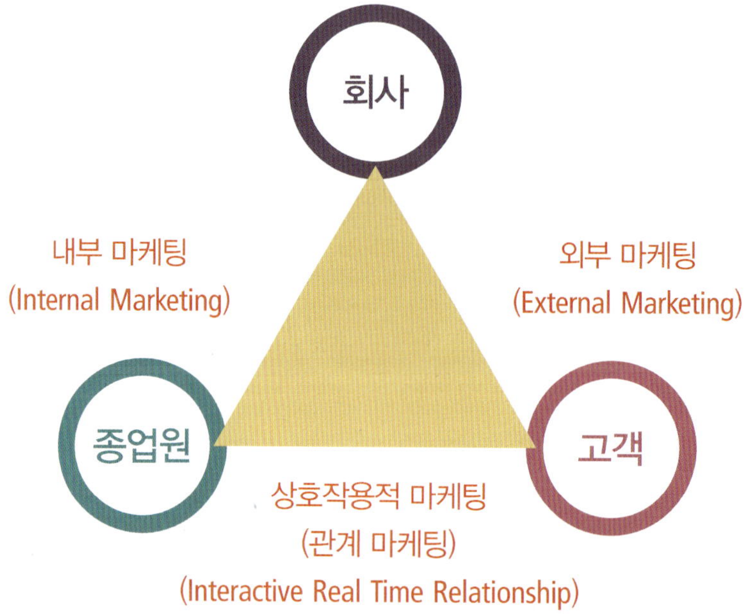

3. 서비스 마케팅 믹스

■ 마케팅 믹스 4P

제품 (Product)	제품은 교환을 위해 시장에 제공되는 제품, 서비스, 아이디어, 장소 등의 교환 제공물로, 품질, 기능, 디자인, 브랜드 등 제품의 구성 요소들이 마케팅 믹스 전략의 도구로 사용된다.
가격 (Price)	제품이나 서비스의 적정 가격을 설정하는 것이다. 고가의 전략을 펼칠 것인지 싸게 팔아 대량으로 팔 것인지에 대한 의사결정을 해야 하며, 할인 여부와 할부 기간 등도 고려해야 한다.
유통 (Place)	생산된 제품이나 서비스를 소비자에게 이전하는 과정을 의미한다. 유통 경로란 제품이나 서비스가 생산자로부터 소비자에게 이전되어 가는 과정에서 거치는 경로를 의미하며, 이 과정에 참여하는 모든 개인 및 조직의 집합체로 구성된다.
판매 촉진 (Promotion)	제품이나 서비스를 유통시키기 위해 유인하는 유혹의 기술이다. 흔히 말하는 광고를 하거나 이벤트, 할인행사, SNS, 블로그, 체험단 활동 등 판매 촉진을 위한 일체의 행위가 포함된다.

■ 확장된 마케팅 믹스 3P

사람 (People)	• 구매자 인식에 영향을 주는 모든 행위자 • 모든 사업체는 영업 직원부터 임원까지 회사를 경영하는 사람에게 의존 • 일하는 사람은 제품이나 서비스 못지않게 비즈니스의 가치를 제공하는 주체
서비스 과정 (Process)	• 서비스 전달이나 운영 시스템 • 서비스가 실제로 수행되는 절차나 활동의 메커니즘과 흐름 • 서비스 활동의 흐름(표준화/개별화), 서비스 제공(단순/복잡), 고객의 참여 수준을 결정하는 과정
물리적 근거 (Physical Evidence)	• 서비스를 전달하고 기업과 고객이 접촉하는 환경 • 서비스 제공이나 커뮤니케이션을 용이하게 해 주는 유형적 요소 • 팸플릿, 명함, 간판, 설비, 화장실 등의 제반 요소 포함 • 물리적 근거는 고객에게 일관성 있는 이미지와 강력한 메시지 제공

심화 학습

학습 목표

전통적 마케팅과 서비스 마케팅을 비교하여 서비스 마케팅을 더 깊이 이해하고, 상호관계론적 마케팅에서 고객의 중요성을 설명할 수 있다.

1. 전통적 마케팅과 서비스 마케팅의 비교

전통적 마케팅에서는 생산과 소비가 분리되어 이를 매개하기 위한 마케팅 활동이 요구된다. 즉 생산된 제품은 마케팅 믹스 활동을 통해 소비자에게 판매되며, 제품에 대한 소비자의 의견이나 정보는 마케팅 조사를 통해 생산에 반영된다.

그러나 서비스 마케팅에서는 생산과 소비가 동시에 이루어지고 소비자가 서비스의 생산 과정에 직접 참여하여 일정 역할을 수행하며 서비스 제공자와 소비자 간에 상호작용이 발생한다. 또 서비스가 무형적이고 평가하기 어려우므로 소비자는 서비스의 생산 – 소비 과정에서 무엇이 일어나는지에 영향을 받을 뿐만 아니라, 자신의 행동으로 생산 과정 자체에 영향을 미칠 수 있다. 따라서 서비스 기업은 판매자와 구매자의 상호작용과 접점을 관리하는 활동을 무엇보다 중시해야 한다.

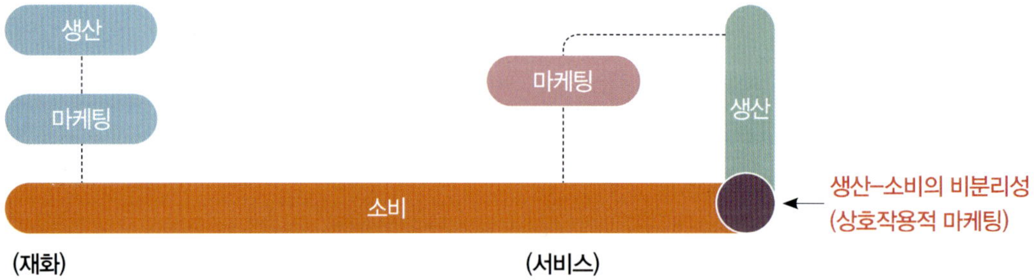

전통적 마케팅과 서비스 마케팅의 차이

출처 : Grönroos, C. (1982), "An Applied Service Marketing Theory", European Journal of Marketing, Vol. 16 No. 7, pp. 30-41. https://doi.org/10.1108/EUM0000000004859

2. 서비스 마케팅 전략 벤치마킹(Benchmarking)

■ **벤치마킹 정의**

벤치마킹은 어느 특정 분야에서 우수한 상대를 표적으로 삼아 자사와의 성과 차이를 비교하고, 이 차이를 극복하기 위해 상대의 뛰어난 운영 프로세스를 배우며 혁신을 추구하는 경영 기법이다.

■ 벤치마킹 특징

- 외부적 관점
- 평가 기준
- 목표 지향적
- 정보 집약적

■ 벤치마킹 기능

- 경쟁 업체나 초우량 기업과 제품, 경영 프로세스를 비교함으로써 자사의 경쟁력 및 서비스 향상 방법 등을 강구할 수 있다.
- 전략 계획을 수립하는 과정에서 여러 분야의 정보를 수집하는 데 유용한 도구로 사용된다.
- 조직이 추구할 목표를 선정하는 데 유용하다.
- 새로운 아이디어를 창출할 수 있다.
- 시장의 변화를 예측할 수 있다.

■ 벤치마킹 사례

삼성은 갤럭시 초기 애플 아이폰을 벤치마킹하는 '패스트 팔로워(Fast Follower)' 전략을 성장동력으로 삼았다. 그러나 현재는 오히려 '애플이 삼성에게 배워야 한다'고 미국 현지 언론이 보도할 만큼 애플의 라이벌로 성장했다.

스타벅스는 76개국에 2만 8000여 매장을 운영하는 다국적 기업이다. 한국에는 1999년에 진출해 2017년에는 연매출 1조 원을 넘기며 승승장구했다. 한국 법인에서 최초 도입한 시스템을 해외 지점에서 역으로 벤치마킹한 사례도 있다. 가령 스마트폰으로 주문하는 앱 '사이렌 오더(Siren Order)'는 2014년에 스타벅스코리아가 처음으로 선보였으며, 이후 미국 본사, 홍콩, 캐나다에 도입되었다. 고객의 이름을 불러 주는 '콜마이네임(Call My Name)'과 차량 정보를 미리 등록하면 드라이브 스루(Drive-through) 매장에서 자동 인식하여 결제하는 'MY DT PASS', 매년 연말에 품귀 현상을 빚는 '다이어리(Diary)'도 한국 법인에서 처음으로 서비스를 시작했다. 한국에서 큰 인기를 얻자 여러 국가에서 벤치마킹한 대표적인 사례가 스타벅스코리아이다.

PART 02

고객 만족을 위한 서비스 관리

CHAPTER 04

서비스 사람 관리

과거의 마케팅이 규모 경제에 기반한 생산/제품 중심의 서비스의 원가절감을 고려한 판매 활동 위주로 이루어졌다면, 현대의 마케팅은 고객의 입장과 만족을 추구하는 전반적인 기업 경영 활동으로 변화되었다. 이 장에서는 고객과 서비스 제공자인 기업의 상생 관계로 확대된 오늘날 '사회적 마케팅'의 개념을 '고객 관리'와 연결하여 생각해 보고자 한다.

1. 내부 마케팅

1부에서 배운 고객의 개념 정의를 상기해 보자. 서비스를 기획하여 최종 고객에게 제공하기까지의 전 과정을 하나의 서비스 과정(프로세스)이라고 할 때, 이 과정에서 고객을 어떤 기준으로 바라보는지에 따라 크게 내부 고객과 외부 고객으로 구분한다. 또 내부 고객과 외부 고객을 연결하는 매개 역할을 하는 중간 고객을 포함하여 아래와 같이 정리할 수 있다.

표 4.1 관점에 따른 고객 분류

구분	의미
내부 고객	기업의 가치 생산에 직접 참여하는 고객 예 종업원
중간 고객	기업과 최종 고객이 되는 소비자 사이에서 그 가치를 전달하는 고객 예 소매상, 도매상, 중간상 등
외부 고객	기업이 생산한 가치를 사용하고 소비하는 고객 예 최종 제품의 소비자, 구매자

서비스 제공자가 고객이 누구이고 어떤 대상인지를 정확히 파악했다면, 그다음 단계에서는 대상 고객에 따라 어떻게 효과적인 서비스를 제공할 것인지 고민해야 한다. 고객이 누구인지에 따라 서비스 제공자가 고려해야 할 서비스 내용과 방법은 달라질 필요가 있다. 특히 서비스 품질을 구분하는 물적, 인적, 시스템적 요소 중에서 특히 인적 요소에 해당하는 내부 고객인 조직 구성원(종업원)이 업무에 집중하고 본인의 역량을 발휘하여 종업원의 만족도가 최종적으로 제품 소비자인 외부 고객의 만족도와 직결되도록 집중적으로 관리하는 것을 내부 마케팅이라고 한다.

성공적인 내부 마케팅을 위해서는 서비스 제공자인 기업이 최고 경영층을 포함한 조직의 구조와 문화 등 다방면에서 종업원이 업무에 집중하고 만족할 수 있도록 통합적으로 지원하고 관리하는 것이 필요하다. 특히 서비스 산업은 제조업을 비롯한 여타의 산업과 비교할 때 인적 자원이 차지하는 중요성이 상대적으로 크게 작용한다. 따라서 조직 구성원들이 맡은 업무에 집중할 수 있도록 동기를 부여하고, 우수한 직무 역량을 지닌 조직 구성원들에게 성과에 따른 적절한 보상을 제공하고, 새로운 직무를 익힐 수 있도록 다양한 교육과 훈련 기회를 부여하는 등 다각적 노력이 필요하다. 또한 인적 자원의 중요성이 상대적으로 높아 종업원들 간의 직무 갈등도

REFERENCE

만족 거울_내부 마케팅의 중요성

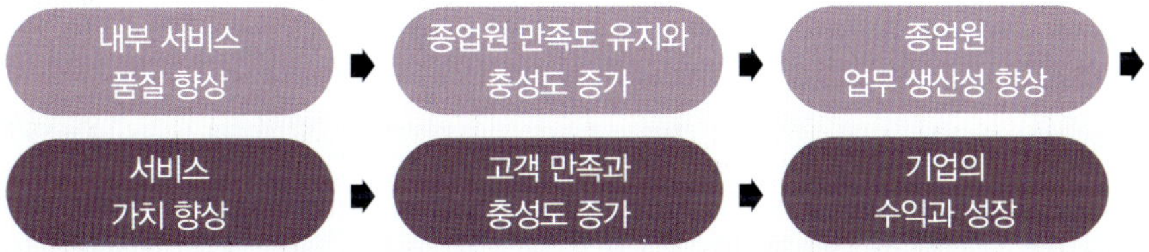

만족 거울은 슈나이더와 보웬의 논문(B. Schnneider & D. Bowen, 1985년)에서 처음 사용된 용어로, 은행, 보험회사, 병원 등에서의 조사를 통해 고객과 종업원의 직무 만족 수준은 서로 밀접한 관계가 있다는 보고서에서 처음 언급되었다. 이 연구 결과에 따르면, 일선 창구에서 고객을 접하는 종업원의 서비스 수준이 형편없으면 그 회사의 만족도도 같이 하락하고 매출/수익도 자연적으로 감소한다. 반대로 종업원이 하고 있는 일에 만족과 의미를 찾고 고객 만족을 위해 열심히 일하면, 자연스럽게 좋은 서비스를 제공하게 되어 매출/수익이 비례하여 증가하게 된다.

빈번하게 발생할 수 있으므로, 고객 서비스 접점에서 업무를 수행하는 조직 구성원들 간의 갈등을 해결하도록 관리하는 것도 중요하다.

1) 조직 구성원(종업원)의 갈등 관리

1 역할 갈등

종업원의 역할 갈등은 최소 두 가지 이상의 업무 기대가 개인에게 동시에 주어질 때 발생한다. 고객 대면 서비스를 수행하는 종업원은 자신이 속한 기업과 고객을 연결하여 기업의 서비스 철학과 고객의 다양한 니즈를 동시에 만족시켜야 한다. 하지만 서비스 상황에 따라 고객의 기대 심리가 너무 높아서 조직 내 절차와 기준으로 고객만족을 이끌어 내기 어려운 경우 서비스 직무에 대한 역할 갈등을 느끼기 쉽다.

2 역할 모호성

종업원이 맡고 있는 직무와 관련된 역할과 책임에 대해 충분한 정보를 갖고 있지 못한 경우에 주로 발생한다. 고객 대면 서비스를 수행하는 데 구체적인 서비스 표준 절차가 없거나, 있더라도 우선순위나 예외가 너무 많아 기준대로 수행되지 않은 경우 또는 그렇게 수행한 서비스 표준 절차가 결과적으로 본인에 대한 평가/보상 절차와 연결되지 않아서 열심히 일해도 긍정적 평가나 인정을 받기 힘든 상황에서 발생한다.

2) 조직 구성원(종업원)의 만족도

효과적인 내부 마케팅을 위해서는 종업원 자신이 맡고 있는 직무의 역할과 중요도를 정확하게 인식해야 한다. 이를 위해서는 우수한 직무 역량을 지닌 종업원을 선발하고 업무에 집중할 수 있도록 동기를 부여하며, 업무에 대한 자신감과 전문성, 적절한 범위 내에서 의사결정 권한을 행사할 수 있도록 체계적이고 정기적인 교육과 훈련이 이루어져야 한다.

1 종업원 만족도 관리(Employee Satisfaction Index, ESI)

종업원 만족은 고품질 서비스로 연결되며, 이는 장기적으로 볼 때 고객 만족과 직결될 수 있다. 종업원 만족도를 측정하는 요소는 크게 6가지, 즉 조직의 가치와 인식을 공유하는 정도, 참여 정신, 조직 문화 만족도, 제도 만족도, 직무 만족도, 종합 만족도로 나누어진다.

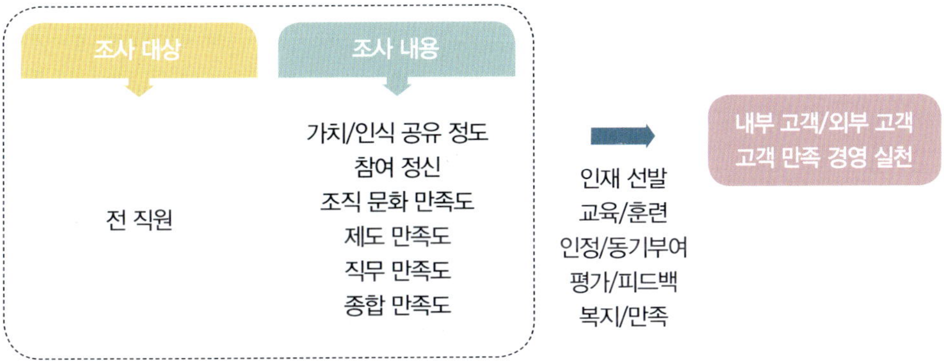

그림 4.1 조직 내 종업원 만족도 측정

2 임파워먼트(Empowerment) 부여

고객 만족을 위해 업무를 수행하는 종업원에게 상황에 따른 의사결정 권한과 자주성을 부여하는 것을 임파워먼트라고 한다. 특히 서비스 산업에서는 서비스 전달 시 현장에서 발생한 고객 불만에 대한 즉각적인 응대가 가능하여 서비스 실패와 회복을 처리하는 종업원의 직무 만족을 높일 수 있는 장점이 있다. 하지만 종업원마다 고객 상황에 대한 인식이 달라서 일관되지 못한 서비스가 전달될 우려가 있으며, 종업원의 잘못된 의사결정이 고객 불만을 가중할 수 있다는 점에서 사전에 이에 대한 충분한 교육과 훈련이 필요하다.

3 적정 수준의 공식 팀 활동 지원

조직 내 공동의 목표를 지니고 자체적으로 담당 직무와 관련된 성과 목표, 목표 수행 방법을 정하여 성공적인 성과에 대해 책임지는 소규모의 집단 활동을 장려한다. 종업원들은 이러한 팀 활동을 통해 다양한 직무를 수행하는 다른 종업원들의 역할과 책임도 이해하게 되며, 공동의 목표를 성취하기 위해 업무적으로 협력함으로써 효과적으로 갈등을 관리할 수 있게 된다.

4 사내 제안 제도 활성화

기업의 전반적인 서비스 활동 과정에서 고객과 기업의 쌍방향 관점에서 유익하다고 생각하는 다양한 의견을 제시하여 실시간으로 고객의 니즈를 최대한 반영하도록 하는 제도이다. 고객에게 서비스를 제공하는 종업원의 입장에서 느끼는 다양하고 현실적인 개선점, 새로운 의견 등을 통해 현장 고객의 목소리에 귀를 기울일 수 있는 장점이 있다.

5 감정 노동 관리

종업원의 감정이 업무 요소가 되는 노동을 의미하고 정서적 노동이라고도 하며, 대표적으로 서비스 직군이 이에 해당한다. 특히 서비스 종업원은 항상 고객을 친절한 마음과 태도, 환한 미소와 눈맞춤, 진심 어린 관심을 갖고 대해야 하는데 이러한 감정에 따라 고객이 느끼는 서비스 만족도가 큰 영향을 받기 때문이다.

항상 최고의 서비스 수준을 유지해야 한다는 고객의 기대를 충족하기 위해 서비스 업종의 종사자들은 육체적, 정신적 노동과 더불어 감정이라고 하는 정서적 노동까지 의식해야 한다. 따라서 이로 인해 야기되는 직무 스트레스를 적절하게 해소할 수 있는 정서 관리 프로그램 운영 등 조직 차원의 다양한 노력과 지원이 필요하다.

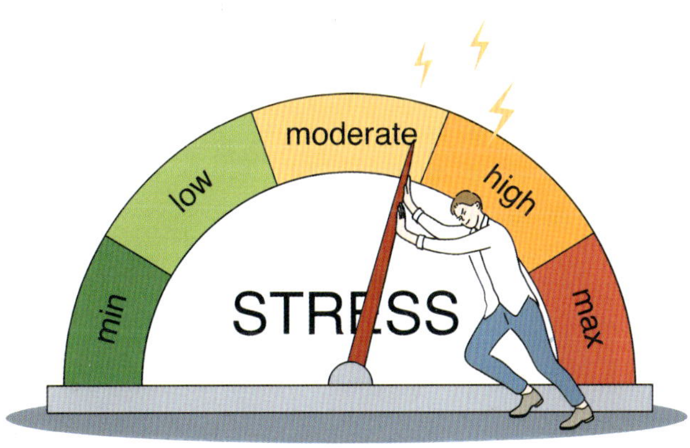

REFERENCE

'간호사의 태움_직장 내 괴롭힘 금지법'

식사 중 자신의 앞에 앉은 후배에게 마주보고 밥 먹기 싫으니 꺼지라고 말하는 선배, 일을 똑바로 못한다고 신입 간호사를 툭툭 치는 선배, 자신이 즐겨 있는 책이 시리즈로 나왔으니 상품권과 함께 달라고 선물을 강요하는 선배 등 응급실을 오가며 환자를 돌보는 업무에 익숙해지기도 힘든데, 동료와 선배 간호사들에게 이런 수모를 겪어야 하는 것이 참담하다.

'태움'이란 영혼이 재가 될 때까지 태운다는 뜻으로, 선배 간호사가 신입 간호사를 가르치는 과정에서 괴롭힘 등으로 길들이는 잘못된 규율을 일컫는 말이다.

'직장 내 괴롭힘 금지법'이란 사용자나 근로자가 직장에서의 지위 또는 관계 우위를 이용하여 다른 근로자에게 신체적, 정신적 고통을 주는 등의 행위를 하지 못하도록 하는 법을 말한다. 고용 노동부는 2019년 7월 16일 '직장 내 괴롭힘 금지법'을 시행했다. 그 주요 내용을 보면, 직장 내 괴롭힘이 발생하는 경우 사용자가 즉시 이를 조사하고 피해 직원의 희망에 따라 근무 장소 변경, 유급 휴가 명령 등 적절한 조치를 취해야 하며, 만약 사용자가 직장 내 괴롭힘 발생 사실을 신고하거나 피해를 주장하였음을 이유로 해고 등 불이익 처우를 하는 경우에는 3년 이하의 징역 또는 3천만원 이하의 벌금에 처하도록 명시되었다.

■ 직장 내 괴롭힘 행위 예시

- 업무 성과를 내거나 효율성을 높이기 위한 적정 범위 내에서의 질책은 가능하나, 인격 모독에 해당할 정도로 과도하거나 업무상 정당한 근거나 이유 없이 질책하는 것이 지속적으로 반복되어 사회적 통념을 벗어나는 수준일 경우
- 사무실이 아닌 사적인 공간에서 발생한 직원 상호 간 괴롭힘의 경우, 그 내용에 따라 직장에서의 우위를 이용하고 업무 관련성이 있는 경우

따라서 이러한 상황들이 발생하지 않도록 직장에서는 취업 규칙 내 '직장 내 괴롭힘 방지 조항'을 명문화하고 이에 대한 적절한 교육을 다양하게 실시하고 있다.

2. 관계 마케팅

1) 고객 관계 관리

고객 관계 관리(Customer Relationship Management)는 고객이 실시간으로 원하는 것이 무엇인지 확인하고, 고객이 원하는 것을 적시에 올바르게 제공하기 위해 고객과 서비스 제공자 간에 적절한 신뢰 관계를 유지하고 관리하는 데 집중하는 서비스 경영 기법이다. 이를 정리해 보면, 고객 관계 관리는 다음과 같이 정의할 수 있다.

"고객 관계 관리는 고객을 지원하는 다양한 시스템을 기반으로
신규 고객을 획득하고
기존 고객을 유지하기 위해 고객의 다양한 요구와 행동을 분석하여
개별 고객의 특성에 맞춘 마케팅을 기획하고
실행하는 서비스 경영 관리 기법이다."

1 고객(Customer)

넓은 의미에서는 과거에 기업과 상호작용을 했거나 현재 하고 있거나 미래에 상호작용을 할 개인, 세대, 조직을 모두 포함한다.

2 관계 관리(Relationship Management)

고객과 기업의 관계는 일방적이거나 단발적인 것이 아니라 장기간의 커뮤니케이션을 바탕으로 형성되는 다양한 상호작용으로 이루어진다. 고객과 기업 간의 커뮤니케이션이 긍정적으로 활성화될수록 고객과의 친밀감, 몰입도, 신뢰감이 높아진다.

3 콘택트 관리 시스템(Contact Management System)

고객과의 쌍방향, 연속적 커뮤니케이션을 지원하고 관리하는 체계를 의미하며, 기업은 이 시스템을 통해 효율적으로 고객 커뮤니케이션을 관리할 수 있다. 예를 들면 고객 상담 애플리케이션, 고객 구매 데이터베이스 관리 등이 있다.

(1) 고객 관계 관리의 중요성

1990년대 후반에 치열한 시장 경쟁, 경쟁 기업의 증가, 판매 채널의 다양화 등으로 시장은 생산자 중심이 아닌 소비자(고객) 중심으로 변화했다. 또한 인터넷을 비롯한 IT의 급속한 발전 덕분에 고객은 다양한 정보 비교를 통해 마음만 먹으면 언제든지 경쟁사로 이동하는 것이 가능해졌다. 이에 서비스 제공자는 고객 및 시장에 관한 중요한 대량의 정보를 효과적으로 관리할 수 있는 고객 관계 관리 시스템의 운영 기반을 구축하게 되었다.

이처럼 시대적 변화에 따라 고객의 다양성이 중요해지고 그에 따른 시장이 점차 세분화되면서 천편일률적인 대량 마케팅은 더 이상 실효를 거두지 못하게 되었다. 기업 입장에서는 기업이 추구하는 제품과 서비스의 가치를 필요로 하는 목표 고객을 찾아내고 그들을 위한 차별화된 타깃 마케팅이 필요해졌다. 또한 단순히 상품이나 서비스를 고객에게 알리고 홍보하는 차원에서의 마케팅이 아니라 고객과의 장기적이고 긍정적인 신뢰 관계 유지라는 관점에서 고객과의 커뮤니케이션에 집중하는 고객 관계 관리가 중요해졌다.

고객 관리의 중요성을 강조하는 다양한 연구 결과

- 불만족한 고객의 10%만이 자신이 느낀 불만을 호소하기 위하여 해당 회사에 연락을 취한다.
- 대개의 회사들은 매년 약 15~20%의 고객을 잃는다.
- 회사 수익의 약 65%는 만족한 고객을 통해 이루어진다.
- 만족하지 못한 고객의 91%는 절대로 그 회사의 물건을 구매하지 않을 것이며, 최소한 9명에게 자신이 겪은 불쾌감을 이야기한다.

(2) 관계 마케팅의 정의

관계 마케팅은 기업과 고객의 상호 관계를 중심으로 진행되는 쌍방의 커뮤니케이션으로 정의할 수도 있지만, 광의의 의미에서 보면 고객을 비롯해 종업원, 제공자, 경쟁자, 다양한 기업 파트너를 포괄하는 넓은 관계에서 장기적으로 유대감 있는 인간관계에 초점을 두고 수행하는 종합적인 마케팅 활동이라고 할 수 있다.

표 4.2 관계 마케팅에 대한 다양한 학자들의 정의

구분	내용
베리 (Berry, 1983)	소비자와의 관계를 창출하고 유지, 강화하는 마케팅 활동
그뢴루스 (Grönroos, 1990)	기업의 이익을 확보하는 수준에서 관련 당사자의 목표가 충족될 수 있도록 고객 및 다른 파트너들과 관계를 유지, 강화하는 마케팅
크리스토퍼 (Christopher, 1991)	고객뿐만 아니라 제공업자, 종업원, 소개자, 영향자 및 내부 시장과의 관계를 창출하고 강화하는 마케팅

(3) 고객 관계 관리의 목표와 특성

1 신규 고객의 창출(Attraction)

다양한 고객의 기대나 욕구, 선호도 등을 기반으로 하여 시장을 세분화하고, 이를 바탕으로 최적의 고객 관계를 유지할 수 있는 목표 고객과 표적 시장을 찾아낼 수 있다. 이렇게 파악한 표적 시장 내에서 기업은 기존 우수 고객들의 구전 효과를 통해 신규 고객을 유치하며, 신규 고객을 추천하는 고객들에게 일정한 인센티브를 제공하는 MGM(Members Get Members) 방법을 가장 일반적으로 사용한다. 다시 말해, 고객과 관련된 다양한 외부 데이터베이스를 적극 활용하여 새로운 고객과 시장을 확보하는 것이다.

REFERENCE

고객 관계 관리의 순환 과정과 특징

신규 고객 획득 ➡ 우수 고객 유지 ➡ 고객 가치 증진 ➡ 잠재 고객 활성화 ➡ 평생 고객화

- 고객과의 단기적인 거래 실적 중심의 교환 관계보다는 장기적이고 우호적인 관계 관리를 중요하게 생각한다.
- 마케팅의 목표를 거래의 성과보다는 고객과의 협력적인 관계 형성과 유지에 두고 한 고객에게 다양한 좋은 제품을 오랫동안 판매하고, 고객이 제품과 서비스에 만족하여 거래 기간을 장기간 유지하는 범위의 경제에 집중한다.
  - 규모(Scale) 경제 : 기업이나 재화의 서비스 생산량을 늘릴 때 얻는 비용 우위
  - 범위(Scope) 경제 : 생산되는 제품의 다양성 증가에 따른 비용 감소 가능성
- 결과적으로 시장에서의 고객 점유율이 얼마인지가 중요하며, 장기적 고객 관계에서 고객 충성도를 추구하므로 평생 고객의 경우 가격에 대한 민감도가 상대적으로 낮아질 수 있다.

2 기존 고객의 유지(Relationship)

기존 고객을 유지하는 방법은 고객 불만을 사전에 예방하고 고객 불만이 발생할 경우 효과적으로 대처하는 수동적인 노력과 함께, 고객이 요구하기 전에 다양한 부가적 혜택을 제공하는 능동적 노력으로 구분할 수 있다.

엄밀하게 말하면 고객 관계 관리는 신규 고객을 유치하는 것보다는 우수한 기존 고객을 어떻게 지속적으로 잘 관리할 것인지에 집중한다. 기업이 변화하는 고객의 욕구를 잘 이해하고 이를 제품과 서비스에 실시간으로 반영하고자 노력한다면, 이에 만족한 고객이 제품과 서비스를 재구매하고 이런 거래가 반복적으로 이어지면서 지속적인 고객 관계가 유지될 것이다.

3 고객 관계의 강화(Enhancement)

관계 강화란 일단 확보된 고객의 가치를 지속적으로 유지하고 높여 나가려는 노력을 의미한다. 제품이나 서비스의 구매 시 만족스러운 상태가 반복되면 자연스럽게 고객은 해당 기업의 제품과 서비스를 믿을 만한 것으로 경험하게 되고, 이로써 고객 관계가 강화되어 기존 고객이 충성 고객으로 발전하게 된다. 충성 고객을 얼마나 확보하고 유지하는지 여부가 기업의 수익 기반 및 성장 잠재력의 중요한 요소가 된다.

(4) 고객 관계 관리 프로그램의 개발

고객이 무엇을 원하는지 발견하고, 원하는 것을 적절하게 제공하는 전체적인 과정에서의 효과적인 방법을 고민하는 것이 고객 관계 관리의 기본이다. 이는 반드시 다양한 고객 지원 시스템을 기반으로 체계적으로 운영될 필요가 있다.

고객과의 장기적인 관계를 통해 충성 고객을 확보하여 기업의 수익성을 높이기 위해서는 각 단계가 고객 중심의 입장에서 고려되어야 하는 것이 기본 원칙이다.

1 고객 관계 관리를 위한 기본 전략 수립 : 분석과 설계

구분	내용
환경 분석	현재 시장 환경에 따라 불특정 다수의 고객에 대한 기업의 제품 및 서비스와 연관된 내부/외부적 환경의 변화 추이를 확인하는 다각적 분석이 필요함
고객 분석	기업이 보유한 현재 고객의 구성, 특성 등 다양한 자료를 통해 고객 세분화가 이루어짐
고객 관계 관리 전략 방향 설정	새로운 고객 확보, 기존 고객과의 지속적인 관계 구축을 통해 고객에게 어떠한 가치를 제공할 것인지에 대한 방향을 설정함 지속적인 고객 확보를 위해 홍보, 제휴, 캠페인, 이벤트 등 다양한 마케팅 활동을 구체적으로 고민하여 방법을 모색함
고객에 대한 오퍼(Offer) 결정	고객의 회원 정보, 거래 이력 등을 바탕으로 특정 제품이나 관심 분야, 소득 수준과 거래 빈도, 평균 구매 단가 등 고객 특성별로 각기 다른 요구와 니즈를 파악하고 핵심 제품 및 서비스에 반영함
개인화 설계	기업이 보유한 고객의 다양한 개인 정보와 구매 특성을 바탕으로 고객 개별 맞춤 서비스를 제공할 수 있는 시스템을 마련함
커뮤니케이션 설계	고객에게 기업의 제품과 서비스의 가치를 어떻게 제공할 것인지에 대한 전달 방법을 설계하는 단계로, 인터넷을 이용하는 방법(이메일, 문자 메시지, 웹 콘텐츠 등)과 전통적인 방법(우편, 전화, 매스미디어 활용, 인적 접촉 등)으로 구분됨

2 체계적인 고객 콘택트 관리 시스템 구축

구분	내용
데이터 수집	기업이 보유한 고객 관련 내부/외부 자료를 수집하는 과정으로, 고객의 속성, 거래 자료, 상품 및 서비스에 대한 고객의 직/간접 반응 자료, 고객 불만 처리 자료, 고객 라이프스타일 자료 등이 포함됨
데이터 정제	수집된 고객 관련 데이터에서 이상치, 중복성을 확인한 후 제거하는 과정을 통해 올바른 고객 이해가 가능해짐

구분	내용
데이터 웨어하우스 구축	효과적이고 지속적인 고객 관리에 필요한 데이터를 정리하여 안전하게 관리하는 단계로, 개인정보 보호법, 소비자 기본법 등을 고려함
고객 분석	고객 선호도, 요구를 다양한 시각에서 분석해 고객 행동 예측에 활용함
마케팅 채널과 연결	분석 결과를 기업 내 고객 서비스, 영업 등의 부서에서 고객 대상 마케팅 자료로 활용함
피드백 활용	고객을 대상으로 실시한 마케팅 활동의 결과를 판단하고, 수정 및 보완 등의 의미 있는 정보를 지속적으로 안전하게 관리함

3 고객 관계 관리 실행의 성공 전략

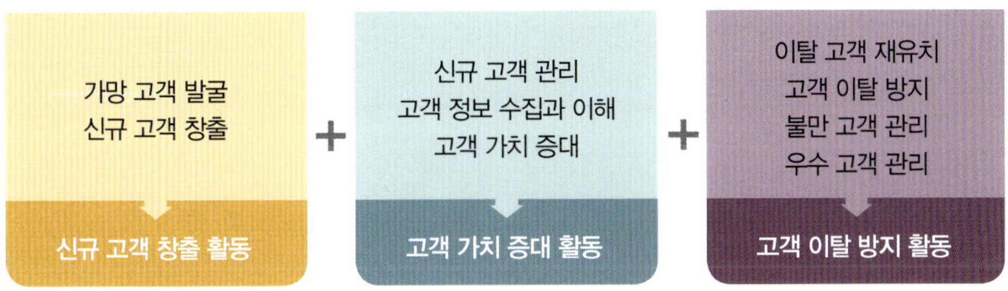

그림 4.2 고객 관계 관리 활동

■ 신규 고객 창출 활동

구분	내용
가망 고객 발굴	구매 동기가 있는 고객을 발굴하여 직접/간접적인 마케팅 활동을 통해 고객의 반응도와 거래능력을 파악하는 모든 활동 예 매장을 방문한 고객 정보 등록 및 회원가입, 고객 간 소개를 통한 서비스 마일리지 제공, 웹서비스와 이메일 등을 통한 고객 취향 맞춤형 상품 홍보 등
신규 고객 창출	발굴한 가망 고객을 대상으로, 고객이 원하는 제품과 서비스의 종류, 핵심 구매요인 등을 파악하여 해당 제품이나 서비스 및 기업의 가치를 적극적으로 전달하는 활동 예 고객 맞춤형 제품에 대한 무료 체험 기회 제공
신규 고객 관리	신규 고객의 핵심 구매 사유를 파악하고, 첫 구매시기로부터 3개월 이내 2회 이상의 고객 관계 관리를 경험하도록 유도 예 신규 고객 대상 다양한 Welcome 프로그램 운영(적립 마일리지, 신규 할인쿠폰 서비스 제공 등)

■ 고객 가치 증대 활동

구분	내용
고객 가치 증대	고객에게 제품과 서비스에 대한 가치를 지속적으로 제공하는 과정으로 타깃 고객에 대한 개별 밀착 관계 유지, 성장 가능 고객에 대한 집중적인 제품 가치를 전달 예 고객이 구매하는 상품의 연관성을 분석하여 관련 유사상품이나 가성비가 좋은 상품을 연계하여 소개, 라이프스타일에 따른 맞춤형 상품 안내 등
우수 고객 관리	자발적인 기업의 옹호자가 되도록 다양한 형태의 우수 고객 대상 차별화 서비스를 제공하여 기업에 대한 충성도를 높임 예 우수 고객 전담 상담요원 배치, 우수 고객 전용창구 운영 등
고객 불만 관리	불만이 야기된 원인에 대한 분석이 중요하며, 서비스 회복을 통해 불만 표출 고객을 고객 감동의 기회로 삼아 적극적으로 대응할 필요가 있음 예 온라인/오프라인 고객의 말씀 전담 관리 창구 운영

■ 고객 이탈 방지 활동

구분	내용
고객 이탈 방지	고객이 이탈할 경우는 반드시 이탈 사유를 확인하여 재발을 방지할 수 있는 절차를 마련해야 함 예 이탈을 고려 중인 우수 고객에게는 다양한 할인혜택을 제공하는 등의 Win-back 캠페인 실시
이탈 고객 재유치	재유치한 고객에 대한 다양한 Welcome 프로그램 운영

2) 서비스 실패 및 회복

(1) 서비스 실패

다양한 학자들의 정의를 종합해 보면, 서비스 실패는 고객을 접하는 과정에서 고객이 불만족을 느끼는 모든 경우를 의미하며, 서비스 제공자인 기업과 고객의 상호작용 과정에서 발생하게 된다. 특히 수잔 키비니(Susan Keaveney)의 고객 이탈 유형을 살펴보면, 서비스 상황에서 고객이 방황하거나 불만족으로 이탈하여 타 서비스 제공자로 전환하는 행동을 일으키는 가장 근본적인 요인은 서비스 실패에서 비롯된다고 하였다.

(2) 서비스 실패 관리의 중요성

고객 불만은 일반적으로 서비스에 대한 기대치 대비 실제 서비스가 그에 미치지 못하는 경우에 발생한다. 고객이 경험한 불편하고 불쾌한 서비스 실패의 경험은 그 하나의 부정적인 서비스 이미지가 기업 전체의 서비스 이미지에 영향을 미치는 후광효과를 가져올 수 있다. 따라서 한 가지의 사소한 불만이나 불편감이 고객 입장에서 완전하게 해소되지 않을 경우, 그 기업이 제공하는 서비스를 다시는 이용하고 싶지 않다는 전체적인 부정적 경험으로 확대되어 고객이 이탈하게 되는 상황을 초래한다.

결국 한 분야에서의 서비스 실패는 다른 서비스에까지 부정적 영향을 미치는 도미노 효과(Domino Effect)를 가져올 수 있다. 고객과 서비스 제공자인 기업 간의 긍정적 신뢰감이 무너진 상태에서 고객은 더 이상 해당 기업과 재거래 또는 재구매를 하고 싶지 않을 뿐만 아니라, 부정적 구전까지 하게 된다. 고객의 불만 경험을 근거로 한 부정적 구전 효과는 결과적으로 신규 고객에게 선입견을 갖게 하는 악영향을 끼칠 수 있다. 따라서 서비스 실패는 적절한 시기에 올바른 방법으로 고객의 입장에서 서비스 회복으로 연결되도록 세심하게 신경 쓰고 조직적으로 접근하여 관리해야 한다.

REFERENCE

대인 지각과 관련된 다양한 왜곡 효과

- 초두 효과 : 최초의 인상이 중심이 되어 전체 인상을 형성함
- 최근 효과 : 시간적으로 나중에 제시된 정보의 영향을 받음
- 후광 효과 : 사물이나 사람이 지닌 장점이나 매력의 영향을 받아 관찰하기 어려운 부분의 부정적인 특성이나 보완이 필요한 성격적 특성도 좋게 평가함
- 방사 효과 : 매력적인 사물이나 사람과 함께하는 경우, 사회적 지위나 자존심이 고양되는 느낌이 듦
- 대비 효과 : 매우 매력적인 상대와 함께 있으면 상대적으로 비교되어 평가절하됨
- 콘크리트 효과 : 한번 굳은 첫인상은 콘크리트처럼 단단하게 각인됨
- 도미노 효과 : 서양의 바둑판식 오락의 일종으로, 직사각형 형태의 나무 조각이나 장난감 조각을 줄지어 세운 뒤, 그 줄의 한쪽 끝에 있는 조각을 밀쳐 다른 조각까지 이어 넘어뜨리는 놀이임. 일렬로 서 있는 도미노가 움직이면서 다음 순서의 도미노를 차례로 무너뜨리는 것처럼, 처음 사건이 차례로 다음 사건의 시작과 연결되는 것을 의미함

(3) 서비스 회복

서비스 회복이란 고객의 불만족을 해소하거나 최소화하기 위하여 서비스 제공자가 서비스 과정에서의 부족한 점을 개선, 수정하여 서비스 실패가 일어나기 이전의 상태로 복원하고자 하는 노력을 말한다. 다시 말해, 제공된 서비스에 문제가 발생한 경우 제공자가 그 문제를 고객의 입장에서 적극적으로 해결해 주려는 것에서부터 시작된다.

그뢴루스(Grönroos, 1988)에 따르면, 서비스 실패는 그대로 방치할 경우 고객 불만족에 따른 서비스 이탈로 연결되므로 서비스 제공자는 서비스 회복을 통해 고객의 상태를 만족으로 회복시키는 노력을 해야 한다.

1 심리적 회복

고객이 왜 서비스에 대한 불편과 불만을 가지게 되었는지에 대해 고객의 상황을 고려한 공감 표현과 책임감 있게 사과하는 태도로 응대한다.

2 물질적 회복

고객이 느낀 서비스 불편과 불만으로 인해서 발생한 금전적 손실과 실질적 보상에 대한 적절한 안내와 처리절차, 현실적인 보상 일체를 포함한다.

3 서비스 회복에 실패할 경우

이미 불만족을 느낀 고객에게 또다시 실망감이 커져 서비스를 회복하기조차 어려운 부정적인 결과를 가져올 수 있다.

4 서비스 회복에 성공할 경우

불만족을 느낀 고객의 심리를 만족한 상태로 되돌릴 수 있으면 그 고객은 본인의 경험을 토대로 해당 서비스 제공자인 기업에게 신뢰감을 형성하게 되어 재구매/재거래를 생각하게 되는 것은 물론, 본인이 겪은 좋은 경험을 주변에 긍정적으로 전파하는 충성 고객으로 발전하게 될 가능성이 높다.

5 이중 일탈 효과(Double Deviation Effect)

서비스 불만이 발생한 상황에서 일시적인 회복에만 지나치게 집중하여 서두를 경우 오히려 고객의 불만과 서비스 일탈을 가중시키는 현상을 말한다. 따라서 서비스 불만이 서비스 회복으로 원활하게 연결되기 위해서는 무엇보다도 고객이 서비스를 제공받는 과정에서 어떤 이유로 불편과 불만을 가지게 되었는지에 대한 정확한 상황과 경위에 대한 판단이 우선되어야 한다.

(4) 서비스 회복의 중요성

고객은 최초 서비스에 불만을 가졌다 하더라도 불만을 해결하는 과정에서 서비스 제공자의 심리적, 물질적 회복 노력의 긍정적 과정을 경험함으로써, 서비스 실패를 경험하지 않은 고객에 비해 해당 서비스와 서비스 기업에 대해 무한한 신뢰감을 느낄 가능성이 높다. 따라서 첫 번째 서비스 실패 발생 이후의 적절한 서비스 회복 관리가 가장 중요하며, 서비스 실패가 지속적으로 반복되거나 형식적인 서비스 회복에 머무를 경우 서비스 회복은 기대하기 어렵다. 즉, 고객 입장에서 서비스 실패가 회복되기를 기대했던 마음이 역시나 하는 실패와 불만으로 반복된다면 더 이상의 서비스 회복은 어렵다.

서비스 회복에 대한 고객의 일반적인 기대 심리

- 사람들은 일반적으로 자신의 믿음이나 경험에 따라 서비스를 평가하는 경향이 있다.
- 서비스 실패 상황이 발생하면 고객의 입장에서는 문제가 일어난 원인을 이해하고 기업이 책임을 다하기를 기대한다.
- 서비스 실패가 이루어지더라도 기업이 아무런 대처를 하지 않을 때는 고객 불만이 86%에 이르지만, 제대로 사과하고 대처하면 고객 불만 비율은 20%로 감소한다는 연구 결과가 있다.

(5) 서비스 보증

고객이 제품이나 그와 관련된 서비스에 만족하지 못할 경우, 제품을 교환 또는 수리해 주거나 그에 상응하는 보상을 제공하는 것을 서비스 보증이라고 한다. 고객은 제품이나 서비스를 구매하기 전에 단지 상품 그 자체만을 보고 구매를 결정하는 것이 아니라 구매 이후의 사후 서비스까지 염두에 두는 경우가 일반적이다. 이에 맞춰 고객이 구매한 제품과 서비스의 품질을 일정기간 보증하고 관리해 주는 것을 말한다. 이 서비스로 인해 고객은 서비스 제공자인 기업에 대한 신뢰를 바탕으로 충성 고객이 될 수 있다.

표 4.3 서비스 보증의 주요 업무 절차

구분	내용
고객의 요구에 맞는 제공	고객의 요구 조건에 맞는 제품이나 서비스 제공 예 에어컨 설치 후 시범 가동을 통한 성능과 사용법 안내
고객 만족도 확인	상품이나 서비스 만족도를 위한 유선 또는 방문 확인 예 에어컨의 공기 청정 기능을 문의 시, 관련 사용법을 안내 (고객이 원하는 방법에 따라 유선 또는 방문 안내)
고객 불만 처리	사용 중 발생한 고장과 불편사항을 신속하고 정확하게 처리 예 에어컨 사용 중 발생하는 결로 현상 접수 시, 신속한 수리 약속 (고객이 희망하는 내방일에 맞춰 방문 처리)
친밀감 유지와 정보 탐색	고객 사용 현황과 만족감 조사를 통한 고객 친밀감 형성 예 에어컨 수리 후 서비스 만족도 조사 및 피드백 활용
정보 제공 및 신뢰 구축	고객 성향/상황을 고려한 자사의 다양한 제품 정보 제공 예 에어컨을 구매한 고객을 대상으로 공기 청정기, 무선 청소기 등 관련 가전/전자 신제품 정보 및 할인 혜택 제공

고객이 생각하는 성공적인 보증의 조건

- 무조건 보증이 이루어져야 한다.
- 고객의 입장에서 이해하기 쉽고, 설명하기 쉬워야 한다.
- 고객에게 중요하고 적정해야 한다.
- 고객이 이용하기 편해야 한다.
- 서비스 제공자에 대한 신뢰성을 느낄 수 있어야 한다.

학습 정리

학습 목표

고객과 서비스 제공자인 기업의 입장에서 올바른 고객 관계 관리가 무엇인지와 이를 통한 기업의 다양한 관계 관리 마케팅을 이해할 수 있다.

1. 내부 마케팅

■ **서비스 마케팅 삼각형의 구성요소**

- 고객－기업 간 외부 마케팅 : 고객과의 약속
- 고객－종업원 간 상호작용적 마케팅 : 약속의 전달
- 종업원－기업 간의 내부 마케팅 : 고객과의 약속을 지키려는 기업 내부의 노력

내부 마케팅이란 기업이 고객에게 약속한 서비스를 제대로 수행하여 고객 만족을 도모하기 위하여, 종업원들이 본인이 맡은 직무에 대해 소속감과 만족감을 느끼도록 교육과 훈련을 통해 업무 동기를 부여하고 보상하는 다양한 활동들을 일컫는다.

2. 관계 마케팅

고객과의 일회적이고 단순한 교환 중심 관계에서 벗어나 장기적 관점에서 서로 상생하는 협력적 관계를 유지하기 위한 기업의 다양한 서비스 경영 기법을 말한다.

3. 서비스 실패와 회복

최초 서비스에 불만을 가졌다 하더라도, 불만을 해결하는 과정에서 보여지는 서비스 제공자의 심리적/물질적 회복 노력의 긍정적인 과정을 경험함으로써, 서비스 실패를 경험하지 않는 고객보다 해당 서비스와 서비스 기업에 대해 무한한 신뢰감을 느낄 가능성이 높다. 따라서 첫 번째 서비스 실패 발생 이후의 적절한 서비스 회복 관리가 가장 중요하며, 서비스 실패가 지속적으로 반복되거나 형식적인 서비스 회복에 머무를 경우 서비스 회복은 기대하기 어렵다.

4. 서비스 보증

고객이 제품이나 또는 그와 관련된 서비스에 대해 만족하지 못할 경우, 제품을 교환/수리해 주거나 그에 상응하는 보상을 제공하는 것을 말한다.

심화 학습

학습 목표

서비스 회복 패러독스의 개념과 관련 이론을 이해하고, 서비스 제공자 입장에서 고객 불만 관리의 중요성을 설명할 수 있다.

1. 서비스 회복 패러독스(Paradox)

제품이나 서비스를 제공하는 과정에서 비록 서비스 실패가 발생하더라도 효과적으로 회복만 된다면, 서비스 실패 후의 고객 만족도가 실패 전의 만족도보다 더 높아지는 현상을 말한다. 이는 서비스 실패를 적극적으로 해결하려는 서비스 제공자의 노력을 통해 고객과의 돈독한 유대감과 신뢰가 형성되어 고객의 참여와 재구매를 이끌어 내는 결과를 가져온다.

2. 공정성 이론(Equity Theory)

고객은 시간, 노력, 비용을 들여 최종 결과물을 얻었을 때 이를 투입 대비 산출 관계로 파악하여, 자신의 결과물이 타인의 결과물보다 수준이 낮다고 판단하면 공정하지 않다고 느끼기 쉽다.

▪ 서비스 실패에서 고객이 기대하는 공정성

구분	내용
결과 공정성	불편과 불만 수준에 상응하는 결과물과 보상을 기대
절차 공정성	서비스 실패를 처리하는 절차, 규정, 정책 등을 기대
상호작용 공정성	서비스를 제공하는 직원의 공손한 태도와 친절, 배려를 기대

3. 귀인이론(Attribution Theory)

어떤 상황이 발생했을 때 그 원인과 의미를 이해하려는 것으로, 고객은 자신이 경험한 결과치의 원인을 알고 싶어한다. 고객은 현재 느끼는 불만족이나 만족의 원인을 찾아내고 추론하여 이를 바탕으로 태도나 행동을 최종 결정하려고 한다.

■ 서비스 실패에 적용되는 귀인이론의 기준

구분	내용
인과성	서비스 실패의 원인이 고객 자신에게 있는지 아니면 상대방에게 있는지를 추론
안정성	서비스 실패의 원인이 일시적인지 아니면 영원한지, 단순 실수에 의한 것인지 아니면 반복적인 것인지를 추론
통제성	원인이 의도된 것인지 아니면 우연의 일치인지를 추론

4. 조하리의 마음의 창

인간 관계란 인간과 인간이 만나서 서로 관계를 맺고 협력하며 공생하기 위해 만들어지는 조직 내 사람과 사람 사이의 관계를 말한다. 인간은 사회적 동물이므로 타인을 통해 스스로를 돌아보고 이해하는 자기조절 능력을 갖게 된다. 좋은 인간 관계는 조직 구성원 사이에서 정서적 지지를 바탕으로 다양한 정보를 통해 도움을 주고받지만, 부적합한 인간 관계는 스트레스를 유발하여 신체적, 심리적 질병을 초래할 수 있다. 조하리의 창은 개발자인 두 명의 심리학자 Joseph Luft와 Harry Inghan의 이름을 합성한 것으로, 자기 공개와 피드백의 측면에서 인간 관계를 진단하는 도구이다.

■ 조하리의 4개의 창(영역)

구분	피드백을 얻는 정도	
	자신이 아는 정보	자신이 모르는 정보
타인이 아는 정보	공개된 영역 (개방형)	맹목의 영역 (자기주장형)
타인이 모르는 정보	숨겨진 영역 (신중형)	미지의 영역 (고립형)

5. 인간 관계를 돈독히 하는 3R

■ 보상성(Rewardiness)

인간 관계에서 느끼는 만족감과 행복감은 보상에 의해 깊어질 수 있다. 좋은 관계에서 느끼는 다양한 보상은 즐거운 경험의 공유, 현실적 도움, 보살핌, 친밀감, 정서적 지지와 공감 등이다.

■ **상호성(Reciprocity)**

좋은 인간 관계에서 행복감에 대한 보상이 쌍방향으로 균형 있게 교류되는 것을 말한다.

■ **규칙(Rules)**

상호 합의를 바탕으로 서로의 역할과 행동을 설정하게 되면 적절한 기대와 지침을 통해 서로의 다름을 큰 갈등 없이 편하게 이해하고 좋은 인간 관계를 유지하게 된다.

6. 인간 관계와 갈등

갈등은 특히 조직에서 인간 관계를 유지하는 과정에서 발생하는 상호 간의 다름과 차이에 대한 인식에서 비롯되는데, 이러한 인식이 감정적, 행동적 갈등으로 표출되는 경우가 많다. 갈등은 구성원들의 다양한 심리적 요구와 문제점을 표현하는 행위이다. 따라서 갈등이 합리적으로 해결될 경우 침체된 조직 문화를 생동감 있게 변화시키는 긍정적 기능을 한다. 그러나 조직의 안정과 조화, 통일을 저해하는 부정적 기능을 하기도 하므로 조직 내 갈등은 사전에 정확하게 파악하여 원만하게 해결하려는 구성원 간의 노력이 필요하다.

■ **갈등의 다양한 해결법**

구분	내용
문제 해결	당사자들이 직접 접촉하여 공동의 노력으로 문제의 해결안을 찾는 탐색 활동을 하여 상호 만족을 도모하는 방법
설득	의견 차이가 있기는 하지만, 상위 수준에서 공동 목표에 대한 합의를 바탕으로 의견을 교환하는 방법
협상	쌍방간 최적의 결정이라고 보기가 어렵고 갈등의 원인을 완전히 제거하지 못한다는 점에서 잠정적인 해소법
정치적 타결	갈등 당사자가 특히 정부, 대중, 여론 같은 제3자의 지지를 얻어 협상을 시도하는 방법으로, 표출된 갈등만 해소하는 방법

CHAPTER 05

서비스 프로세스 관리

'CS 없이는 CS도 없다'라는 말이 있다. 앞의 CS는 고객 서비스, 뒤의 CS는 고객 만족의 약어로, '고객 서비스 없이는 고객 만족도 있을 수 없다'는 뜻이다. 간결한 이 한마디로 고객 서비스가 고객 만족의 핵심임을 알 수 있다. 이러한 고객 만족을 실현하기 위해 이 장에서는 서비스 프로세스에 대한 전반의 내용을 이해하고자 한다.

1. 서비스 프로세스 개념

"서비스 프로세스는 서비스가 전달되는 절차 또는 활동의 흐름을 의미한다."

고객이 경험하는 서비스가 일정한 결과물을 내는 경우도 있지만 대부분은 일련의 과정(Process)이며, 흐름(Flow) 형태로 전달되기 때문에 서비스 프로세스는 서비스 상품 그 자체이기도 하지만 서비스 전달 과정인 유통의 특성도 지닌다고 할 수 있다. 서비스는 비분리성이라는 고유의 특성 때문에 고객과 분리하여 생각할 수 없다. 따라서 서비스 생산의 흐름과 과정은 제품 생산보다 훨씬 더 중요하다.

옷을 구매하는 고객은 옷이 만들어지는 과정에 별다른 관심을 두지 않지만, 항공사를 이용하는 고객은 단순히 비행에만 관심을 두는 것이 아니라 체크인(Check-in)을 할 때부터 항공사의 라운지(Lounge) 이용, 비행 중 서비스, 도착 후 서비스까지 전 과정과 거기에서 얻는 경험을 매우 중요하게 생각한다. 그러므로 서비스 생산 프로세스를 설계할 때에는 프로세스에 대해 고객이 느끼는 점을 각별히 고려하여 반드시 고객의 관점을 반영해야 한다. 또한 서비스 프로세스는 경우에 따라 서비스 전달 과정으로서의 서비스 채널의 의미도 지닌다.

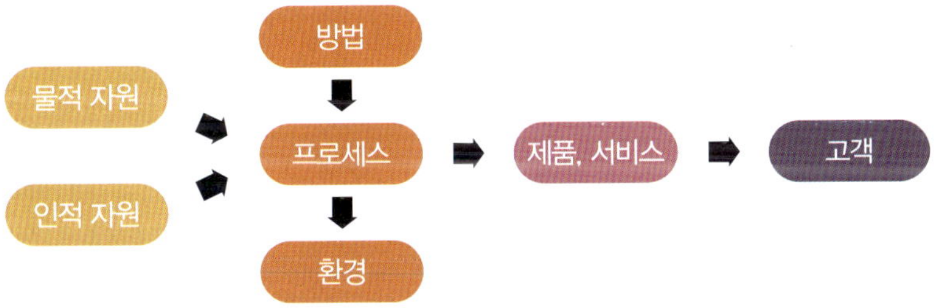

그림 5.1 서비스 프로세스의 구성

서비스 프로세스가 중요한 이유

- 상품 자체의 결과로 품질만 중요시하는 것이 아니라 상품의 구매 및 사용과 관련된 모든 과정에서 경험하는 만족도가 중요한 시대가 되었기 때문이다.
- 기업은 효과적인 서비스 프로세스를 통해 직원들의 업무 수행 성과를 높이고, 불필요한 서비스 요소의 투입을 막아 경제적 이득을 도모할 수 있기 때문이다.
- 서비스 프로세스를 통한 고객의 만족 여부가 차후 고객의 구매 활동에 큰 영향을 주기 때문이다.
- 잘못된 서비스 프로세스가 고객의 불만족 요소가 되기 때문이다.

1) 서비스 프로세스의 표준화와 고객화

서비스 프로세스는 업종에 따라 표준화(Standardize)와 고객화(Customize) 지향으로 나누어 설계할 수 있다. 서비스 프로세스의 표준화는 모든 고객에게 동일한 프로세스의 서비스를 제공하는 것으로 주로 제품의 생산 과정에서 많이 활용되고 있으며, 대량생산에 유용한 방식이다. 그러나 서비스 부문에서 표준화가 가능한지에 의문을 제기하는 사람들이 있다. 이처럼 서비스를 표준화할 수 없다고 생각하는 견해로 인해, 서비스가 측정되거나 피드백을 받지 못하는 모호한 프로세스가 설계된다. 하지만 실제로 많은 서비스는 구체적인 규칙과 기준으로 표준화할 수 있다.

서비스 프로세스의 고객화는 고객의 다양한 요구에 탄력적으로 반응하고 개별 고객의 니즈를 맞춤형으로 제공하기 위해 고객의 욕구 및 관심 사항을 우선적으로 고려하여 서비스 프로세스를 설계하는 것이다.

표 5.1 서비스 프로세스의 표준화와 고객화 예

표준화	고객화
예 스타벅스 • 오감 마케팅을 통한 표준화 전략 • 사이렌 오더 같은 앱을 통한 주문 간편화 • 교육, 훈련을 통한 수준급의 MOT 서비스 역량 유지	예 퍼스널 쇼퍼(Personal Shopper) • VIP 고객의 쇼핑을 일대일로 도와주는 사람 • 고객의 취향과 가치, 예산 등 정보를 분석하여 그에 맞는 상품을 선별해 구매 정보를 제시하거나 고객 맞춤화된 구매를 대행

그림 5.2 서비스 프로세스의 표준화 및 고객화 정도

2) 서비스 프로세스의 분류

표 5.2 슈메너(R. Schmenner)의 서비스 프로세스 매트릭스

구분		고객 상호작용과 고객화 정도	
		낮음	높음
노동 집중도	낮음	서비스 공장 예 항공업, 호텔, 화물 운반 트럭	서비스 숍 예 병원, 수리센터, 소규모 식당
	높음	대량 서비스 예 소매업, 일반 금융업, 학교	전문 서비스 예 법률 서비스, 컨설팅, 개인 금융

서비스 프로세스는 고객과의 상호작용과 고객화, 노동 집중도를 2개의 축으로 하여 구분한다. 여기서 노동 집중도란 서비스 제공에 필요한 장치나 설비 등 자본에 대한 의존도와 사람에게 의존하는 정도를 나타내는 노동에 대한 의존도의 상대적 비율을 말한다. 따라서 노동 집중도가 높다는 말은 상대적으로 기계나 설비에 대한 의존도가 낮고, 종업원의 근무시간이나 노력 등에 의존하는 정도가 크다는 것이다. 예를 들어 변호사, 회계사 등의 전문 서비스는 대표적으로 노동 집중도가 높은 직종이다.

반대로 노동 집중도가 낮은 것은 상대적으로 기계나 설비에 대한 의존도가 높은 것을 의미한다. 예를 들어 병원에는 의사, 간호사 등 수많은 직원이 있지만 이들도 고가의 기계나 설비 등에 비해 상대적으로 비중이 낮기 때문에 병원은 노동 집중도가 낮은 편에 속한다.

또 다른 축인 상호작용과 고객화 정도란 고객과 서비스 프로세스와의 상호작용 정도 및 서비스의 고객화 정도를 말한다.

1 서비스 공장(상호작용과 고객화 정도⬇, 노동 집중도⬇)

대규모의 시설 투자가 수반되는 업종으로 서비스 제공 능력이 한정되어 있다. 표준적인 운영 절차와 엄격한 매뉴얼 관리가 중요하고, 성수기 수요를 비수기 수요로 일부 전환할 수 있는 탄력적인 마케팅 전략이 필요하다.

© Getty Images Bank

2 대량 서비스(상호작용과 고객화 정도⬇, 노동 집중도⬆)

노동 집중도가 높아 종업원의 역량이 매우 중요하므로 종업원 선발에 신중해야 한다.

© Getty Images Bank

3 서비스 숍(상호작용과 고객화 정도⬆, 노동 집중도⬇)

높은 고객화로 비용이 증가하고 품질 유지는 어려우며, 프로세스에 개입하는 고객이 생산성에 영향을 미치므로 접점을 표준화하기가 어렵다. 수평적이고 유연한 상하 관계가 필요하다.

© Getty Images Bank

4 전문 서비스(상호작용과 고객화 정도↑, 노동 집중도↑)

고객 문제를 해결하는 과정이 매우 다양하므로 접점에서의 통제가 불가능하다. 종업원들의 충성도를 높이기 위해 노력하는 것이 바람직하다.

© Getty Images Bank

2. 서비스 프로세스와 고객 참여

1) 고객 참여의 중요성

고객이란 우리가 하는 사업과 업무에서 추구하는 궁극의 목적으로, 고객이 없다면 기업은 결코 존재할 수 없다. 고객이 기업에 의존하는 것이 아니라 기업이 고객에게 의존하는 것이다. 따라서 고객은 기업에 기회를 주는 사람으로서 논쟁하거나 다투어 이길 대상이 아니다.

서비스의 비분리성이라는 특성상 고객은 서비스 과정에 참여하여 독자적인 역할을 한다. 제조업의 예를 들면 고객이 '공장' 안에서 종업원이나 다른 고객들과 접촉하며 자신이나 다른 고객들을 위한 서비스 생산에 기여하는 것이다. 만약 한의원에서 다이어트 프로그램을 실시한다고 하자. 식이요법이나 운동을 통해 체중을 조절하려는 다이어트 프로그램은 고객의 적극적인 참여가 있어야만이 서비스가 성공할 수 있다.

© Getty Images Bank

고객 참여를 늘리기 위한 방안

- 고객의 과업 정의
- 올바른 고객 유치
- 고객의 적절한 교육
- 효과적인 보상
- 고객 가치 믹스 관리

  고객 가치 믹스란?

  고객 가치를 충족시켜 주는 서비스 수단으로서 고객 가치를 구성하고 있는 요소들(고객 편익, 고객 비용, 고객 편의성, 커뮤니케이션, 고객 중심 프로세스, 고객 가치 창조자 마인드)의 집합을 의미한다.

2) 고객의 역할

고객은 기업의 임시 직원과 입장이 같다고 볼 수 있다. 즉 고객은 직원과 마찬가지로 서비스 생산과 전달 과정에서 적극적인 역할을 수행할 수 있기 때문에 기업 구성원의 범위를 고객까지 확장한 것이다.

고객은 인적 자원으로서, 서비스 기업이 고객에게 최적의 역할을 부여하면 고객은 스스로 자신의 생산 역할을 더욱더 적극적으로 수행하게 된다. 예를 들어 사우스웨스트 항공사는 승객이 직접 짐을 운반하고 지정 좌석 없이 자리를 직접 찾도록 함으로써 승무원의 인원수를 줄여 여행 운임을 절감할 수 있었다. 결국 생산성의 향상은 다시 고객에게 더 높은 혜택으로 돌아가게 된다.

기업과 고객의 관계에서 고객은 다양한 행동 방식을 보이는데, 이는 2가지로 구분해 볼 수 있다. 하나는 고객의 행동이 기업에 미치는 영향이 순기능적인가 아니면 역기능적인가의 여부이다. 다른 하나는 고객의 행동이 제품이나 서비스 제공 프로세스상에서 필수적인 것인가 아니면 정당한 것인가에 대한 것이다. 이 같은 기준을 통해 고객의 행동 유형을 크게 4가지로 분류할 수 있다.

1 참여 행동

일반적으로 생각하는 넓은 의미의 고객 참여 행동과는 구분되는 것으로, 음식점에서 음식을 주문하거나 택시를 타고 행선지를 말하는 행위처럼 상품이나 서비스를 받기 위해 필수적으로 요구되는 행동이다.

2 시민 행동

단순히 제품이나 서비스를 제공받기 위한 수동적 참여 행동을 초월하여, 기업 활동에 협조하고 건의사항을 제시하거나 다른 고객에게 도움을 주어 궁극적으로 기업과 다른 고객에게 긍정적 기여를 하는 행동이다.

3 불평 행동

고객이 불만족한 상황을 변화시키기 위해 행동을 취하는 것으로, 예를 들어 환불, 교환, 수리 같은 불만족 요인에 대한 부정적 구전 등이다. 이는 소비에서 발생한 불만족을 사회적으로 수용 가능한 합법적인 방법으로 해소하는 역할 내 행동을 의미한다.

4 불량 행동

폭력, 기물 파손, 절도, 불법 행위 등과 같이 기업과 다른 고객에게 직접적 피해를 입히는 극단적인 형태의 역할 외 행동을 의미한다.

표 5.3 고객의 행동 분류

구분	역할 내	역할 외
순기능	참여 행동	시민 행동
역기능	불평 행동	불량 행동

3. 서비스 구매 과정의 관리

서비스 프로세스는 구매 전 대기 관리, 진실의 순간인 MOT(Moment of Truth), 구매 후 관리 등으로 다음과 같이 구분하여 관리할 수 있다.

1) 구매 전 과정 : 대기 관리

대기는 고객이 서비스를 받을 준비가 된 시간부터 서비스가 개시되기까지의 시간을 의미한다. 호텔에서 체크인부터 객실로 안내되기까지의 과정, 레스토랑에서 주문한 음식이 제공되기까지 기다리는 시간 등을 예로 들 수 있다. 서비스의 기본 특성인

생산, 소비의 비분리성과 소멸성으로 인해 고객은 서비스를 받기 위해 종종 기다려야 한다.

대기가 어쩔 수 없이 발생한다 하더라도 모든 고객이 대기 상황을 이해하고 당연한 것으로 받아들이는 것은 아니다. 기업의 입장에서는 대기시간을 효과적으로 관리하여 고객 만족도를 높일 수 있지만, 역으로 고객 만족도에 부정적 영향을 미칠 수도 있기 때문에 구매 전 대기 관리는 기업에게 매우 신중하고도 중요한 부분이라고 할 수 있다.

1 서비스 시간과 지각된 대기시간

실제의 대기시간뿐만 아니라 지각된 대기시간에도 관심을 가져야 한다. 지각된 대기시간에 영향을 미치는 8가지 원칙은 다음과 같다.

- 아무 일도 하지 않고 있는 시간이 뭔가를 하고 있는 시간보다 더 길게 느껴진다.
- 구매 전 대기가 구매 중 대기보다 더 길게 느껴진다. 구매 전이라도 대기시간을 짧게 느끼게 하려면, 미리 메뉴(Menu) 등을 제공하여 이미 서비스가 시작되었다고 인식하게 만들어야 한다.
- 근심은 대기시간을 더 길게 느끼게 한다. 고객이 대기하는 동안 즐거운 마음을 가질 수 있게 분위기와 환경을 조성해야 한다.
- 언제 서비스를 받을지 모르는 채 기다릴 때 얼마나 기다려야 하는지 알고 기다릴 때보다 더 길게 느껴진다.
- 이유가 무엇인지 설명 없는 대기는 이유가 설명된 대기보다 더 길게 느껴진다.
- 불공정한 대기는 공정한 대기보다 더 길게 느껴진다.
- 사람들은 서비스가 더 가치 있을수록 더 오랫동안 기다릴 것이다. (유명한 맛집은 대기시간이 길더라도 기꺼이 사람들이 기다린다.)
- 혼자 대기하는 것이 여럿이서 같이 대기하는 것보다 더 길게 느껴진다.

기업들의 대기시간 관리 예시

- 은행 및 미용실 : 잡지 제공
- 백화점 : 엘리베이터 근처에 대형 거울 설치
- 병원 : 고혈압 측정기 설치
- 패밀리 레스토랑 : 기다리는 동안 메뉴판, 음료 제공

2 대기 관리를 위한 생산 관리

예약제 도입	앞으로 수행할 서비스에 대해 미리 약속한다. (병원 예약)
커뮤니케이션 활용	혼잡 시간 혹은 서비스 이용에 편리한 시간 등을 사전에 안내한다. 고객이 업무 프로세스를 숙지할 수 있도록 메일이나 SMS 등으로 안내한다. 현재 예약 고객을 볼 수 있는 게시판이나 고객 현황판을 설치한다.
인센티브 제공	고객이 몰리는 시간을 피할 수 있도록 유인하는 인센티브제를 활용한다. (극장의 조조 할인)
공정한 대기 시스템 구축	다양한 대기선을 활용한다. 번호표 시스템을 도입하여 입장 순서대로 공정하게 처리한다.
대체 채널 개발 및 차선책 제시	기다리는 고객에게 대안을 제시한다. (은행에서 대기 중인 고객에게 ATM 및 인터넷 뱅킹 안내)

3 대기 관리를 위한 고객 인식 관리

서비스가 곧 시작될 것이라는 느낌	접수 및 사전 상담을 통해 서비스가 곧 시작될 것임을 예고한다. (병원에서 대기 중 차트 작성)
구체적인 예상 대기시간 안내 및 고객에게 선택 기회 제공	"조금만 더 기다려주세요" 같은 애매한 안내보다는 구체적인 대기시간을 안내한다.
고객 유형별로 대응	고객의 업무 목적에 따라 창구를 달리 운영함으로써 체감 대기시간을 줄인다. (은행에서 예금 업무와 대출 업무의 창구를 구분)
이용되지 않는 자원은 폐기	고객과 상호작용하지 않는 직원의 일은 고객의 눈에 보이지 않는 곳에서 수행한다. 사용되지 않는 물리적 시설은 치운다.

2) 구매 과정 : MOT(Moment of Truth) 관리

"단 한 번이라도 '진실의 순간 MOT'를
놓치지 않는 것이 진짜 서비스이다."

진실의 순간(Moment of Truth, MOT)은 고객이 기업의 종업원 또는 특정 자원과 접촉할 때 그 서비스 품질의 인식에 영향을 미치는 상황을 의미한다. MOT는 1984년 스웨덴의 마케팅 학자인 리처드 노만(R. Norman)이 『서비스 관리』에서 처음 사용한 용어이다. MOT는 진실의 순간, 운명적 순간, 최후의 순간, 결정적 순간 등 여러 의미를 가지며 고객이 기업의 종사원 또는 기업의 특정한 자원과 접하는 순간이 서비스 품질에 대한 인식에 영향을 미치는 상황으로 정의할 수 있다.

일반적으로 서비스 마케팅에서는 '결정적 순간'으로 해석하며 서비스 제공자가 고

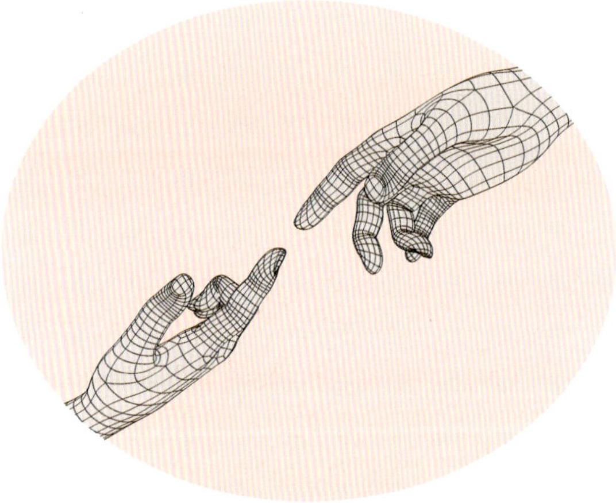

© Getty Images Bank

REFERENCE

MOT(Moment of Truth)의 어원

'진실의 순간'은 원래 스페인 투우에서 유래했다. 투우의 클라이맥스는 투우사가 붉은 천으로 소를 농락하다 소의 급소에 검을 찔러 넣는 순간이다. 이때 얼마나 침착하고 우아하게 소의 급소에 검을 꽂아 절명시키느냐가 투우사 기량의 척도가 된다. 이처럼 투우사가 소와 일대일로 맞서 담력과 능력을 입증하는 순간이 바로 진실의 순간이다. 이 말에는 영광의 순간이 될 수도 있지만 치명상을 감수해야 하는 '위기의 순간'이라는 본래 뜻도 내포되었다.

객에게 서비스의 품질을 보여 줄 수 있는 기회로, 지극히 짧은 순간이지만 서비스에 대한 고객의 인상을 좌우하는 결정적 순간이다.

이러한 MOT가 서비스 마케팅의 주요 이슈로 떠오른 것은 1980년대 초 스칸디나비아 항공사의 CEO인 얀 칼슨(Jan Carlson)이 "기업이 고객과 만나는 15초 동안이 고객을 평생 단골로 만들 수 있는지를 결정하는 '진실의 순간'이다"라고 말하며 800만 달러 적자 상태의 스칸디나비아 항공을 1년 만에 7,100만 달러 흑자로 전환한 기록적인 대성공 때문이었다.

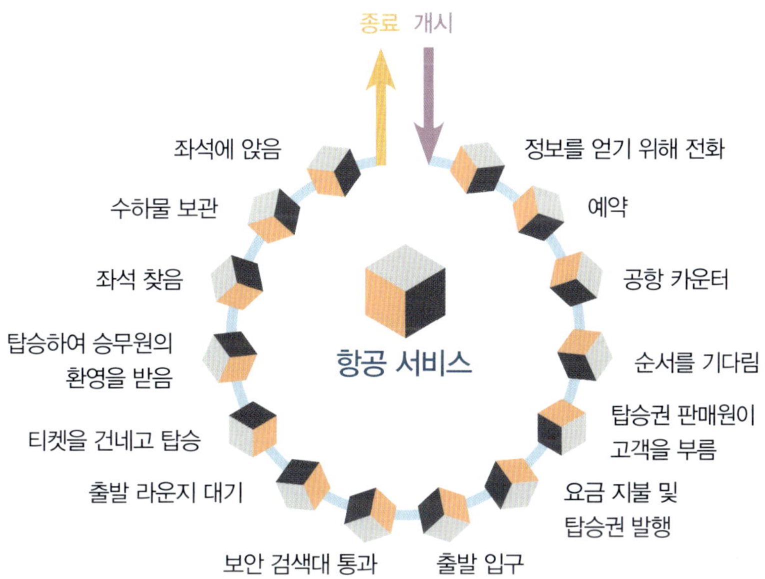

그림 5.3 스칸디나비아 항공의 'MOT 사이클'

진실의 순간은 서비스 종사원과 고객이 접하는 순간에 발생하지만 아래와 같은 상황에서도 발생한다.

- 기업의 건물을 볼 때
- 기업의 주차장에 주차할 때
- 로비에 들어섰을 때
- 광고를 시청할 때

이와 같이 고객이 기업의 시설, 프로세스, 직원 등 여러 가지 자원과 직간접적으로 접하는 순간이 바로 서비스의 인상을 결정하고 품질을 결정짓는 MOT(진실의 순간)이다. 서비스 제공자가 서비스를 제공하는 매 순간은 고객이 서비스 품질과 기업에 대한 이미지를 지각하고 고객 만족과 충성도를 형성하는 데 지대한 영향을 미친다는 점에서 MOT는 매우 중요하다.

구체적으로 MOT의 요소는 고객의 니즈와 가치를 충족시키는 데 필요한 순간, 즉 장소, 사람, 수단을 의미한다. 고객은 접점을 통해 서비스 품질을 지각하는데, 이는 고객 만족과 기업의 전체 이미지를 결정하는 핵심 요소이다. 고객 접점의 요소는 인적 요소(Humanware), 시설적 요소(Hardware), 제도적 요소(Software)로 구성된다.

인적 요소는 서비스 직원의 태도, 표정 및 용모, 친절함, 의사소통 능력 등 고객을 응대하는 전문적인 태도를 의미한다. 시설적 요소는 교통, 건물 및 주차시설, 설비, 기자재, 인테리어, 화장실, 청결상태 등 고객이 보고 느끼며 체감하는 공간을 말한다. 제도적 요소는 예약 시스템, 서비스 프로세스, 업무 처리 과정, 정보 제공, 동선 등 서비스를 전달하는 절차와 과정으로 고객이 접하는 서비스 시스템이다.

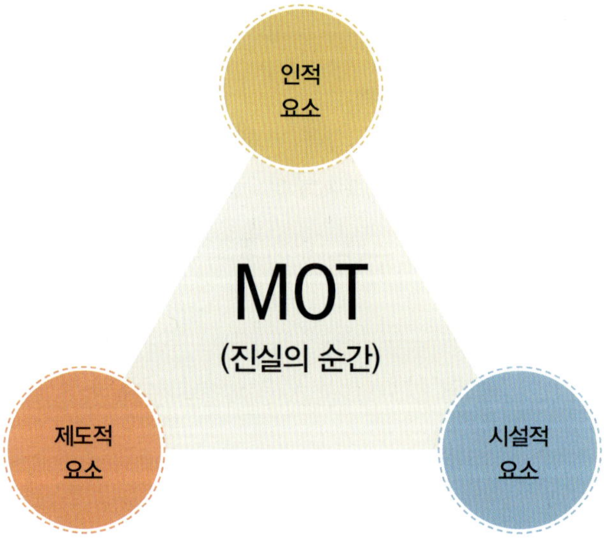

그림 5.4 고객 접점 MOT 3요소

3) 구매 후 과정 : 피시본 다이어그램(Fishbone Diagram)

인과관계 도표 또는 요인 분석도로 잘 알려진 피시본 다이어그램은 잘못된 결과의 원인을 찾아서 연결하는 도표의 일종으로, 모양이 생선 뼈처럼 생겼다 하여 '피시본 다이어그램'이라고 불린다. 또 이 다이어그램은 일본의 통계학 박사 카오루 이시카와가 발명한 인과관계 분석 도구인데, 발명자의 이름을 따서 '이시카와 다이어그램'이라고도 한다.

1 피시본 다이어그램 특징

- 어떤 요인이 어떤 관계로 문제에 영향을 미치는지 보여 줌으로써 문제의 원인을 쉽게 규명한다.
- 문제 또는 현재의 상황을 분석하고자 할 때 활용한다.
- 물고기의 모습을 머리, 몸통(큰 뼈와 작은 뼈), 꼬리로 개략적으로 그린다.
- 머리(문제), 몸통의 큰 뼈(주된 요인, 영역, 측면), 작은 뼈(세부 원인), 꼬리(원인)를 적어 한눈에 파악할 수 있게 시각화한다.
- 특성 요인 도표로서 하나의 과제를 분석하여 구체적인 문제점이나 문제의 원인을 시각화한다.

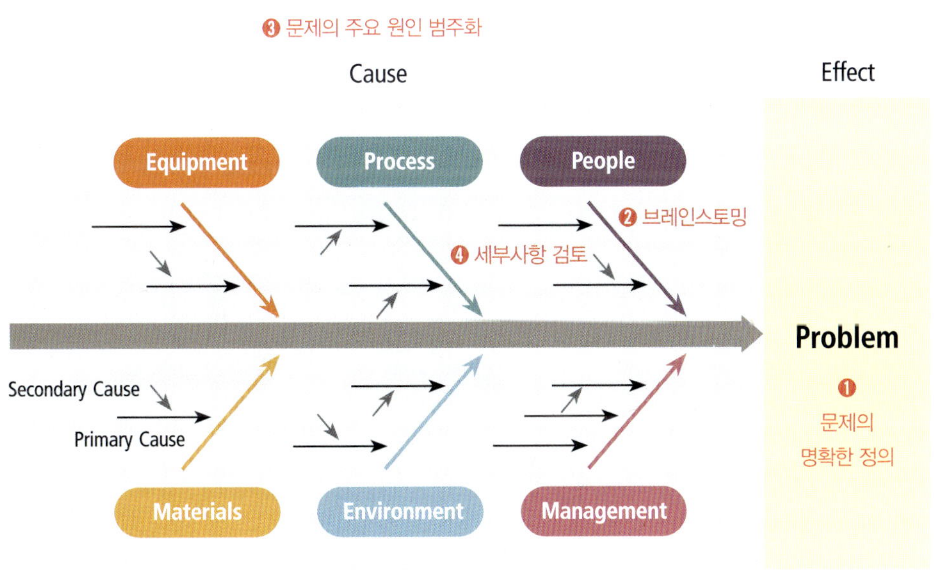

그림 5.5 피시본 다이어그램

피시본 다이어그램으로 불만의 원인을 파악하는 요소

장비(Equipment), 사람(People), 과정(Process), 운영(Management), 환경(Environment), 자원(Materials)

2 피시본 다이어그램 단계별 흐름(Flow)

- 문제 상황의 주요 원인을 확인한다.
- 문제의 잠재적 원인을 브레인스토밍한다.
- 범주를 몇 개로 구분하여 항목을 나누고 항목에 따라 잠재적 원인을 추가한다.
- 항목을 검토하고 항목 중에서 가능성이 가장 높은 원인을 선택한다.

다음은 항공사의 지연 출발 개선을 위한 피시본 다이어그램의 예이다.

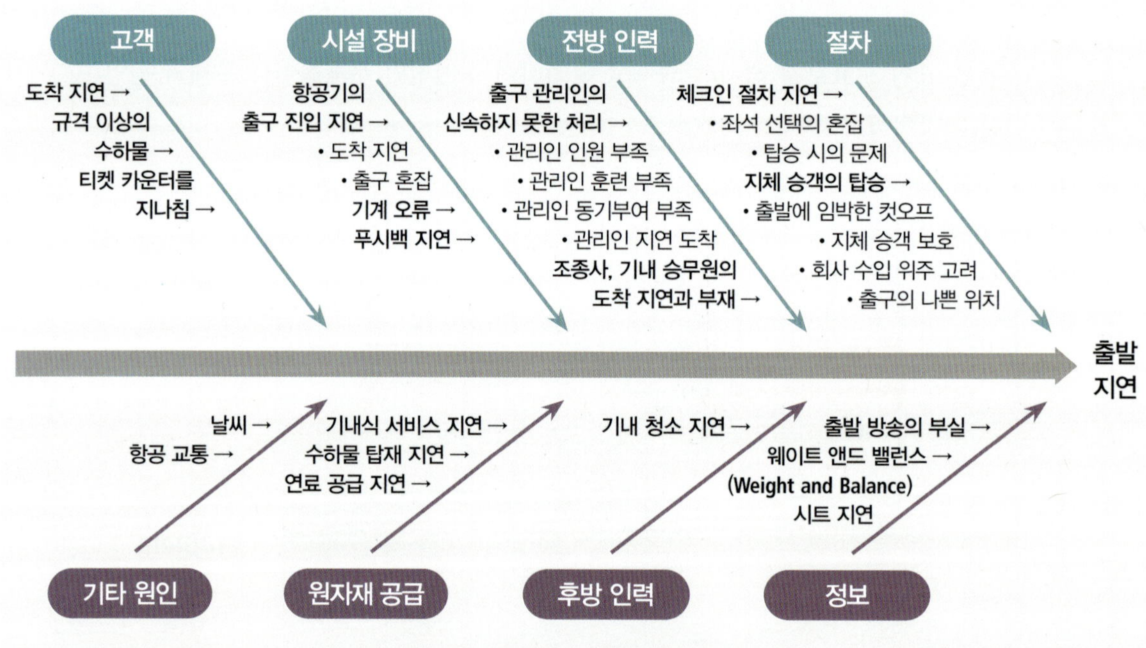

그림 5.6 피시본 다이어그램(항공사)

출처 : 이유재(2022), 서비스마케팅, 235쪽, 학현사

4. 서비스 프로세스 개선을 위한 기법 : 서비스 청사진

건물을 시행착오 없이 빠른 시간 내에 건축하기 위해서는 공사를 시작하기 전에 완공된 건물을 그린 상세한 설계 도면이 필요하다. 이처럼 서비스 제공자가 양질의 서비스를 제공하기 위해서는 무형의 서비스 프로세스를 설계하는 서비스 청사진(Service Blueprint)이 필요하다.

서비스 청사진이란 서비스의 전 과정에서 서비스 제공자와 이용자의 경험 사이에서 발생하는 일련의 행위들을 시각적으로 표현한 것이다. 또한 청사진은 서비스 프로세스의 전 과정을 단계별로 전방과 후방, 지원 프로세스로 구분하고, 가시선을 통해 눈에 보이는 업무와 눈에 보이지 않는 업무로 나누어 보여 준다. 그래서 청사진을 보면 서비스의 전체 흐름을 한눈에 파악하기가 쉽다.

서비스 청사진은 특히 서비스 상품 개발의 설계와 재설계 단계에서 유용하다. 또한 서비스 전달의 프로세스와 고객과 종업원의 역할, 가시적인 서비스 구성요소 등을 동시에 보여 줌으로써 서비스 내용을 시각적으로 제시한다.

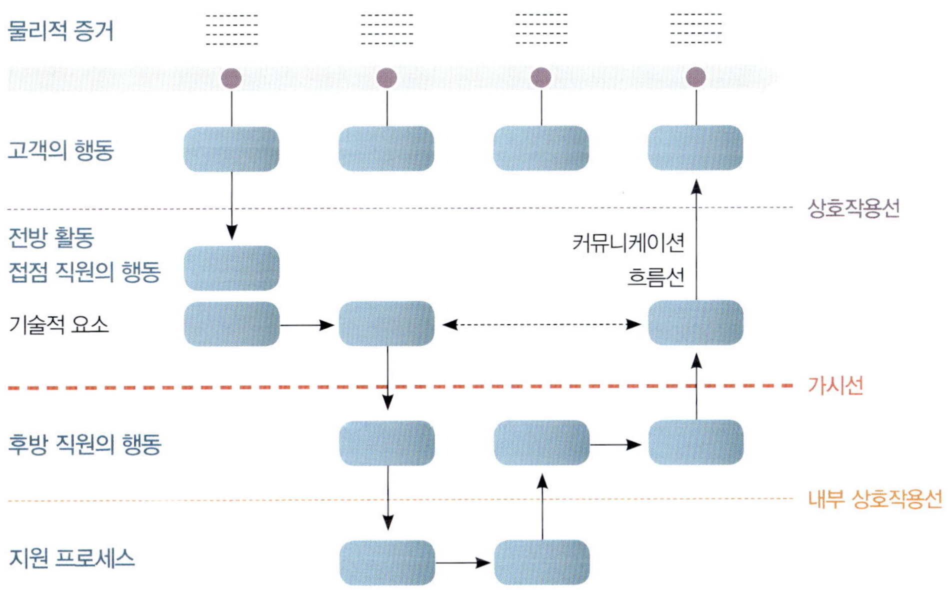

그림 5.7 서비스 청사진

1 행동

물리적 증거	고객이 경험하게 되는 다양한 물리적 요소
고객의 행동	서비스 프로세스의 흐름을 정하는 고객의 다양한 행위 요소
전방 활동	고객과의 직접 상호작용을 통해 유발되는 서비스 요소
접점 직원의 행동	전방 활동의 중요한 요소로, 고객과의 직접적인 상호작용으로 제공되는 접점 직원들의 행위
후방 직원의 행동	가시선 밖의 보이지 않는 영역에서 접점 직원의 업무를 지원하는 직원이나 부서의 서비스 활동
지원 프로세스	효과적이고 유기적인 서비스를 수행하는 데 사용되는 기업의 자원과 시스템, 유관 부서의 지원

2 선

상호작용선	고객과 직원이 만나는 현장의 접점을 구분
가시선	고객에게 보이는 범위와 보이지 않는 범위를 구분
내부 상호작용선	서비스 현장에서 고객에게 보이지는 않지만 서비스를 전달하기 위한 지원 시스템과 후방 직원을 구분
커뮤니케이션 흐름선	서비스 프로세스에서 정보와 커뮤니케이션의 흐름을 화살표 방향으로 표시

서비스 청사진을 사용하면, 종업원이 자신의 업무를 전체적인 관점에서 파악하여 고객 지향적 자세로 업무를 수행할 수 있다. 이외에 구체적으로 다음의 이점이 있다.

- 서비스 활동의 프로세스 중 취약한 부분을 확인하여 지속적인 품질 개선 목표로 삼을 수 있다.
- 상호작용선은 고객의 역할과 고객이 경험하는 서비스 품질을 알게 해 줌으로써 서비스 설계에 도움이 된다.
- 가시선은 고객이 볼 수 있는 영역과 어느 종업원이 고객과 접촉하는지 알려 주어 합리적인 서비스 설계를 할 수 있다.
- 내부 상호작용선은 부문 간 경계와 상호 관계를 명확히 해 주어 점진적 관점에서 각 부분의 고유 기능을 파악하게 된다.

- 서비스 구성요소와 그 연결관계를 알 수 있어 전략적 토론과 서비스 전체의 관점에서 각 부문의 고유 기능을 파악할 수 있다.
- 각 서비스 제공에 투입된 원가와 이익, 자본을 확인하고 평가하는 데 기반을 제공한다.
- 내부 마케팅과 외부 마케팅을 수립할 합리적 기반을 구축한다.
- 서비스 품질 개선을 위한 상향적, 하향적 접근이 용이하다.

단계	내용
1단계. 프로세스 선정	서비스 청사진의 대상 프로세스를 선정하기
2단계. 고객 행동 분석	프로세스에 참여하는 고객 또는 집단을 분석하고 행동을 특정하기
3단계. 서비스 프로세스 분해	접점 직원 및 후방 직원의 행동, 지원 프로세스를 분석하여 정리하고 상호작용선, 가시선, 내부 상호작용선을 구분하기
4단계. 서비스 청사진 도식화	분석한 영역별 서비스 활동 및 흐름을 도표를 이용해 시각화하여 프로세스를 표현하기
5단계. 물리적 근거 작성	서비스 프로세스에 사용된 물리적 요소를 기입하기

그림 5.8 서비스 청사진 작성 단계

학습 정리

학습 목표

서비스 프로세스에 대해 전반적으로 이해하고 서비스 구매 과정(구매 전, 구매 과정, 구매 후)의 관리에 어떠한 것이 있는지 알 수 있다.

1. 서비스 프로세스란?

서비스 프로세스란 서비스가 전달되는 절차 또는 활동의 흐름을 의미한다. 고객이 경험하는 서비스는 일정한 결과물로 나타나는 경우도 있지만 많은 서비스가 일련의 과정(Process)이며, 흐름(Flow)의 형태로 전달된다. 따라서 서비스 프로세스는 서비스 상품 그 자체이기도 하지만 동시에 서비스 전달 과정인 유통의 특성도 지닌다고 할 수 있다.

2. 서비스 프로세스의 분류

서비스 프로세스는 고객과의 상호작용과 고객화, 노동 집중도라는 2개의 축으로 구분한다.

■ 슈메너(R. Schmenner)의 서비스 프로세스 매트릭스

구분		고객과의 상호작용과 고객화 정도	
		낮음	높음
노동 집중도	낮음	서비스 공장 예 항공업, 호텔, 화물 운반 트럭	서비스 숍 예 병원, 수리센터, 소규모 식당
	높음	대량 서비스 예 소매업, 일반 금융업, 학교	전문 서비스 예 법률 서비스, 컨설팅, 개인 금융

3. 서비스 프로세스와 고객 참여

서비스의 비분리성이라는 특성 때문에 고객은 서비스 과정에 참여하여 독특한 역할을 한다. 제조업으로 말하면 고객이 '공장' 안에서 종업원이나 다른 고객들과 접촉하며 자신이나 다른 고객들을 위한 서비스 생산에 기여한다.

4. 서비스 구매 과정에 관한 관리

서비스의 프로세스는 구매 전 대기 관리, 구매 과정의 진실의 순간인 MOT(Moment of Truth), 구매 후 관리 등으로 구분해서 관리할 수 있으며 각 프로세스에 관련된 설명은 다음과 같다.

■ **서비스 구매 전 과정 관리 : 대기 관리**

대기는 고객이 서비스를 받을 준비가 된 시간부터 서비스가 개시되기까지의 시간을 의미한다. 서비스의 기본적 특성인 생산, 소비의 비분리성과 소멸성으로 고객은 종종 서비스를 받기 위해 기다려야만 한다.

■ **서비스 구매 과정 관리 : MOT 관리**

진실의 순간(MOT)은 고객이 기업의 종업원 또는 특정 자원과 접촉할 때 그 서비스의 품질에 대한 인식에 영향을 미치는 상황을 의미한다. MOT는 1984년 스웨덴의 마케팅 학자인 리처드 노만이『서비스 관리』에서 처음 사용한 용어이다.

■ **서비스 구매 후 과정 관리 : 피시본 다이어그램**

인과관계 도표 또는 요인 분석도로 잘 알려진 피시본 다이어그램은 잘못된 결과에 대한 원인을 찾아서 연결하는 도표의 일종이다. 모양이 생선 뼈처럼 생겼다 하여 '피시본 다이어그램'이라고 불리며, 일본의 통계학 박사 '카오루 이시카와'가 발명한 인과관계 분석 도구로 '이시카와 다이어그램'이라고도 한다. 발생한 문제가 생선의 큰 뼈대가 되고 문제의 많은 원인들이 작은 가시와 같이 붙어 있는 모습으로 그려진다.

5. 서비스 청사진

서비스 청사진이란 서비스의 전 과정에서 서비스 제공자와 이용자의 경험 사이에서 발생한 일련의 행위들을 시각적으로 표현한 것이다. 서비스 프로세스의 전 과정을 단계별로 전방과 후방, 지원 프로세스로 구분하고 가시선을 통해 눈에 보이는 업무와 눈에 보이지 않는 업무로 나누어 보여 준다. 이를 통해 서비스의 전체 흐름을 한 눈에 파악하기 쉽다.

심화 학습

학습 목표

표준화 서비스 프로세스와 고객화 서비스 프로세스의 차이점을 이해하고, 항공 서비스에서 맞이하는 진실의 순간을 파악할 수 있다.

1. 표준화 서비스 프로세스와 고객화 서비스 프로세스의 비교

구분	표준화	고객화
설치 위치 및 배치	생산자 중심 배치	고객 중심 배치
디자인	규격화, 신속 위주	다양화, 고객 요구 위주
일정 계획	완료 시점 중시	과정 중시
생산 계획	예측 생산	주문 생산
직원 능력	기능적 측면 중시	커뮤니케이션 능력 중시
품질 통제	표준화, 공정적	주관적, 변동적
시간 표준	시간 표준이 준수됨	시간 표준이 엄격하지 않음

2. 항공 서비스에서 맞이하는 진실의 순간(MOT)

- 고객이 항공사에 문의 전화를 한다.
- 고객이 공항 카운터에서 티켓팅을 한다.
- 직원이 탑승권을 발급한다.
- 고객이 항공사의 라운지를 이용한다.
- 고객이 비행기에 탑승한다.
- 고객이 안내를 받아 자기 좌석을 찾는다.
- 고객이 기내에서 문의 사항이나 요구 사항을 승무원에게 말한다.
- 고객이 승무원의 안내를 받으며 휠체어 서비스를 받는다.

3. MOT의 관련 용어 및 법칙

■ **통나무 물통 법칙**

고객의 접점에서 경험한 서비스 중 가장 불량한 서비스를 유독 잘 기억하고 그 기업을 평가하는 데 중요한 잣대로 삼는 경향이다.

■ **곱셈의 법칙**

고객이 서비스를 구매하는 과정에서 서비스 제공자나 특정 자원과 접촉할 때, 고객이 경험하는 일련의 서비스 과정(서비스의 품질에 대한 인식에 영향을 미치는)에서 어느 하나만 불만족스러워도 한순간에 이탈한다는 의미이다.

■ **100-1 법칙**

고객 만족 경영의 개념을 최초로 도입한 스칸디나비아 항공의 CEO 얀 칼슨이 주장한 법칙이다. 100번의 고객 접점에서 99번을 만족시켰어도 단 한 번의 불만으로 고객 이탈이 발생하므로 고객 만족도는 100−1=99가 아닌 100−1=0이 된다는 의미이다.

■ **썩은 사과 한 알 법칙**

사과 박스에서 사과 하나가 썩으면 시간이 지나면서 점차 다른 사과들도 썩게 된다는 의미이다.

■ **깨진 유리창의 법칙**

미국의 범죄학자인 제임스 윌슨과 조지 켈링이 1982년 3월에 공동 발표한 '깨진 유리창'이란 글에 처음 소개되었다. 사회 무질서를 설명한 이론으로, 깨진 유리창 하나를 방치하면 그 지점을 중심으로 범죄가 확산된다는 내용이다. 이 법칙에 의하면, 방치된 하나의 작은 실수가 큰 실수를 가져오고, 고객은 허점 하나를 보고 전체를 평가할 수 있다.

© Eastnine Inc. / ZZVE Illustrations / Getty Images

CHAPTER 06

서비스 품질 관리

서비스 품질은 유형적인 실체라기보다는 과정으로, 제품 품질과 달리 객관적인 척도에 의한 측정이 어렵고 전적으로 주관적인 고객의 인식으로만 평가된다. 이 장에서는 서비스를 받는 전 과정에 걸쳐 철저하게 고객의 인식을 통해 이루어지는 서비스 품질의 개념을 올바르게 이해하고 측정, 관리하는 방법에 대해 알아보고자 한다.

1. 서비스 품질

1) 서비스 품질의 개념 변천

제품의 품질을 관리하려는 시도는 주로 제조업의 생산 공정 프로세스에서 '어떻게 하면 성능이 우수한 제품을 균일하게 만들어 잘 판매할 수 있을까?' 하는 품질 검사에서 비롯되었다. 그러나 서비스 산업이 급속도로 성장한 1980년대 이후에는 제품뿐만 아니라 이후 서비스의 품질까지도 측정하고 관리하여 고객 만족을 이끌어 내기 위한 필요성이 대두하면서 서비스 품질이라는 개념이 도입되었다. 이를 바탕으로 오늘날 기업은 고객 만족을 기반으로 하는 전사적 부문의 경쟁력을 갖추기 위해 서비스 품질 관리를 통한 차별된 서비스 전략에 집중하고 있다.

1 품질 검사(1900년대 초반)

제조업에서 최고의 성능을 내는 좋은 제품을 똑같이 제조하기 위해 검사하는 과정을 의미한다. 대량 생산된 제품의 균등한 상품성을 보장하기 위해, 만들어진 제품들을 검사하고 이를 제품의 품질 명세서로 보증, 관리한다.

2 통계적 품질 관리(1900년대 중반)

제품을 생산하고 제조하는 과정에서 다양한 데이터를 통해 어떤 것이 정품이고 불량품인지 구분하는 기준을 만들었다. 제품의 품질을 대표하는 샘플링 검사 등을 실시하여 불량률 수치를 최소화하고 전체 판매량을 관리한다.

3 품질 확인(1900년대 중반)

제품의 불량률 수치뿐만 아니라 우수한 품질을 유지하고 관리하는 데 드는 비용, 소비자가 느끼는 제품의 신뢰성, 무결점(Zero Defects) 관리 등의 개념이 도입되었다. 이 시기에는 고객에 대한 관심을 함께 고려하면서 기업 전반에서는 고객 만족과 제품 및 서비스 품질 관리의 연관성에 관심을 갖게 되었다.

4 전략적 품질 관리(1900년대 후반)

제품과 서비스의 품질을 관리할 때 단순히 결함, 부족이나 불량의 제거와 최소화에만 집중하는 것이 아니라, 품질을 기업의 이윤 추구와 존속에 직결되는 전략적 가치로 인식하여 적극적으로 관리해야 한다는 개념이 강조되었다.

5 전사적 품질 경영(2000년대~현재)

기업의 최고 경영자와 조직 구성원 모두가 고객 만족을 위한 서비스 철학을 바탕으로, 조직의 전사적 수준에서 제품과 서비스의 품질에 영향을 미치는 제반 요소를 파악하고 기업 경영의 측면에서 품질을 관리, 유지, 개선, 향상시키는 데 집중해야 하는 것으로 확대되었다.

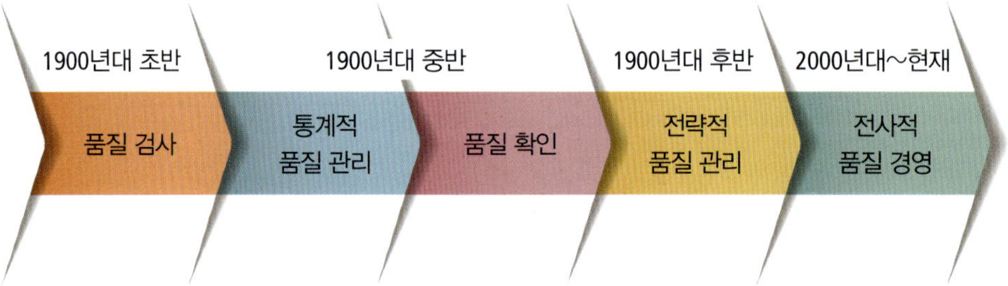

그림 6.1 품질 개념의 역사적 변천

2) 서비스 품질 관리의 특성

과거에는 기업이 제품을 생산하고 판매하여 이윤을 얻는 시장 점유율에만 집중했다. 그러나 현대의 서비스 경제 사회에서 고객은 고품질의 제품과 서비스에 대한 기대치가 높아지면서 동종의 제품을 판매하는 여러 기업 중 최상의 서비스를 제공하는 기업을 선택한다. 이에 따라 기업의 서비스 품질 관리 경영은 고객이 제품을 구매하기 전인 사전 서비스부터 판매, 판매 이후의 사후 서비스에 이르기까지 그 범위와 중요성이 커지게 되었다. 이를 종합하면, 서비스 품질이란 서비스 고객의 기대에 부응하는 인적, 물적, 시스템적 서비스 전체의 특징을 뜻하며 이를 표준화하고 지속적으로 관리하는 것을 서비스 품질 관리라고 한다.

1 객관적 품질 VS 인식된 품질

서비스 품질과 관련된 다양한 학자들의 견해에 따르면, 서비스 품질은 2가지로 나눌 수 있다. 제품이나 서비스의 결과를 통해 판단할 수 있는 객관적 품질(Objective Quality)과 최종 소비자인 고객이 제품이나 서비스를 구매하고 사용하는 과정에서 느끼고 지각한 품질(Perceived Quality)이다.

2 과정 품질 VS 결과 품질

서비스 품질을 과정과 결과의 차원으로 나누어 볼 때, 서비스 품질 평가에는 서비스 결과(Outcome)뿐만 아니라 서비스 과정(Process)에 대한 평가도 포함된다. 특히 서비스 과정에서는 서비스 제공자와 고객의 상호작용이 서비스 품질 평가의 중요한 요소가 된다.

3) 서비스 품질 측정의 문제

1 객관적인 측정의 어려움

고객이 구매한 제품은 디자인, 견고성, 색상, 포장 등 눈에 보이는 유형적 요소들로 품질을 평가하기가 쉬우나, 서비스는 무형적인 특성상 품질을 평가하기가 어렵다. 단지 고객이 지각한 경험을 통해 평가하는 경우 이는 주관적 평가이므로 정량적으로 서비스 품질을 수치화하기가 어렵다.

2 서비스 전달 과정에 대한 평가와의 연관성

서비스는 단순히 고객이 경험한 서비스 결과만으로 이루어지는 것이 아니라, 고객과 서비스 제공자 간의 접촉에서 발생하는 서비스 전달 과정까지 포함하므로 서비스 품질을 측정하기가 쉽지 않다.

3 서비스 결과 불량에 대한 기준 및 증거 제시의 어려움

서비스는 소멸성이라는 특성상 서비스 제공자가 기준에 맞는 서비스를 제공하더라도 고객의 성향과 요구에 따라 만족하는 기준이 주관적일 수 있다. 따라서 고객이 불만족스럽다 하더라도 즉각적인 반품을 요구하거나 불만족스러운 상황에 대한 객관적 증거를 제시하기가 어렵다.

4 서비스 사전 품질 관리의 어려움

서비스의 부족이나 불량 현상은 사전에 확인하기가 어렵고, 고객에게 제공되는 동시에 소비되는 서비스의 비분리성이라는 특성으로 인해 고객은 서비스를 제공받기 전에 서비스가 부족한지 여부를 알기가 어렵다.

5 고객 접점 서비스 제공자에 대한 관리, 감독의 어려움

고객과 직접 대면하여 서비스를 제공하는 종업원은 많은 고객과 접촉하기 때문에 매번 서비스를 제공할 때마다 종업원 옆에서 모든 사항을 일괄적으로 관리, 감독하기가 불가능하다. 따라서, 서비스 수행 시 많은 부분을 고객 접점 서비스 제공자인 종업원에게 일임할 수밖에 없다.

4) 서비스 품질 개선

1 기업의 서비스 품질 문화 관리

기업이 추구하는 서비스 품질 가치는 최고 경영자부터 말단 직원에 이르기까지 조직의 모든 구성원이 공유할 필요가 있다. 또한 고품질의 서비스가 유지되도록 유능한 직원을 채용하고 적절한 교육 및 훈련 기회를 제공하여 긍정적 마인드로 업무에 집중할 수 있는 근무 환경을 만들기 위해 노력해야 한다.

2 변화하는 고객 기대 관리

고객이 중요하다고 생각하는 서비스 품질의 결정 요소가 무엇인지를 항상 파악하고, 과대 광고를 하여 고객을 현혹하지 않아야 한다. 또한 고객이 스스로 서비스 품질이 좋고 나쁨을 인식할 수 있는 객관적인 평가 기준을 만들고 그 기준에 따라 서비스 품질을 관리하려는 노력이 필요하다.

3 고객에게 서비스 내용 제공

고객에게 제공되는 서비스를 설명하거나, 서비스를 사용하는 적합한 시기, 방법 등을 사전에 안내하여 정확한 정보를 제공함으로써 고객이 서비스를 구매할 때 올바른 의사결정을 할 수 있도록 해야 한다.

4 서비스 품질의 유형적 요소 관리

서비스는 물적 서비스와 인적 서비스로 나눌 수 있다. 고객이 객관적으로 쉽게 평가할 수 있는 물적 서비스의 유형적 요소는 고객 편의를 고려하여 자동화 시스템을 운영하고, 인적 서비스를 제공하는 데 발생할 수 있는 부족함이나 문제점을 동시에 관리해야 한다. 또한 고객이 쉽게 접근하고 평가하기 쉬운 유형적 요소는 항상 고객의 눈높이에서 최상의 상태로 유지되도록 신경 써야 한다.

2. 서비스 품질 측정 모형

1) 그뢴루스(Grönroos)의 품질 모형

그뢴루스가 말하는 서비스 품질은 기술적 품질(Technical Quality)과 기능적 품질(Functional Quality)이 결합된 것인데, 서비스를 제공하는 활동에 있어서는 점차 기능적 품질이 훨씬 더 중요해지는 추세이다.

1 기술적 품질(Technical Quality)

고객이 기업과의 상호작용을 통해 받게 되는 무엇(What)에 대한 것으로, 고객이 서비스를 받는 동안 얻는 것이나 서비스가 끝났을 때 받는 결과물을 말한다. 이런 결과물은 일반적으로 고객 입장에서 객관적인 평가를 할 수 있다.

예 음식점에서 제공되는 음식의 질적 수준과 맛, 렌터카 서비스를 이용한 차량의 성능과 관리 상태 등

2 기능적 품질(Functional Quality)

고객이 제품과 서비스를 어떻게(How) 얻을 것인지, 그 과정을 의미한다. 즉, 고객이 서비스를 어떻게 받는가 또는 서비스 제공 과정을 어떻게 경험하는가를 나타내며, 서비스 제공자와 고객의 접점(진실의 순간, MOT)에서 느끼는 서비스에 대한 전반적인 느낌이나 인상을 포함한다.

예 음식점에서 근무하는 종업원의 외모와 유니폼의 청결상태, 다른 고객들을 응대하는 자세와 고객을 맞이하는 표정, 말투 등

3 그뢴루스(Grönroos)의 서비스 품질 구성요소 6가지

구분	내용
전문성과 기술	고객 입장에서 서비스 제공자, 고객 접점 종업원, 서비스 운영 절차, 서비스를 지원하는 물리적 요소가 고객의 문제를 해결하는 데 필요한 지식과 기술을 지녔다고 느끼는 것이다.
태도와 행동	고객 입장에서 고객 접점 종업원들이 친절하고 자발적으로 고객의 문제를 해결하려고 노력한다고 느끼는 것이다.
접근성과 융통성	고객 입장에서 서비스 제공자, 서비스 업체, 고객 접점 종업원, 서비스 운영 절차 등이 서비스받기 편한 위치에 있고, 고객의 기대와 수요에 따라 융통성 있게 조절될 수 있다고 느끼는 것이다.
신뢰성과 믿음	고객 입장에서 무슨 일이 있어도 고객을 최우선시하여 서비스를 이행할 것이라고 알고 있는 것이다.
서비스 회복	고객 입장에서 예상치 못한 서비스 이례 상황(Irregular Situation)이 발생하더라도 능동적으로 해결 대안을 찾으려고 노력한다고 느끼는 것이다.
평판과 신용	고객 입장에서 서비스 제공자가 서비스를 운영할 때 신뢰할 수 있고 서비스 가치를 공감하고 믿는 것이다.

2) 서비스 품질 측정도구(SERVQUAL 이론)

미국의 파라수라만(A. Parasuraman), 자이다믈(V. Zaithaml), 베리(Leonard L. Berry)라는 세 학자가 서비스 품질을 측정하고 평가하기 위해 개발한 평가도구를 PZB의 SERVQUAL이라고 한다. SERVQUAL은 Service와 Quality의 합성어로, 이 도구에 의하면 고객이 느끼는 서비스 품질은 고객의 기대나 욕구 수준 대비 실제 경험하고 인지한 서비스의 차이에 의해 결정된다.

처음에는 서비스 품질을 평가하기 위해 고객이 사용하는 공통의 일반적인 10개 차원을 바탕으로 97개 문항을 만들어 측정했다. 그러나 최종적으로는 유사하거나 중복되는 기준들을 통합, 축약하여 5개 차원의 22개 문항을 구성하여 서비스 품질 측정도구를 개발하게 되었다.

표 6.1 SERVQUAL의 10개 차원과 5개 차원의 비교

10개 차원	5개 차원	내용
유형성	유형성	서비스 품질 평가를 위한 유형적(외형적) 요소 예 서비스 매장의 인테리어, 시설, 직원의 용모/복장 등
신용성	신뢰성	약속한 서비스를 믿을 수 있고 정확하게 수행할 수 있는 능력 예 예약시간 준수, 서비스 수행의 정확도 등
반응성	대응성	고객을 돕고 신속한 서비스를 제공하려는 자세 예 고객의 문의나 요구에 즉시 반응하여 신속하게 처리
능력 예의 신뢰성 안전성	확신성	담당 업무에 대한 전문 지식, 자신감, 고객 응대 예절 예 능력 : 담당 직원의 업무에 대한 전문 지식, 기술 보유 예의 : 고객 접점 서비스 제공자의 친절하고 정중한 태도 신뢰성 : 기업의 평판과 인지도, 브랜드, 정직한 판매 활동 안전성 : 제품의 구매와 사용에 대한 안전함, 고객 관련 개인정보 보호와 비밀 보장
접근성 의사소통 고객 이해	공감성	서비스 제공자가 고객에게 제공하고자 하는 배려와 관심 예 접근성 : 전화 예약, 대기시간 최소화, 편리한 서비스 장소 의사소통 : 서비스 비용에 대한 친절하고 자세한 설명 고객 이해 : 고객의 개별적인 요구사항을 기억하여 맞춤 서비스 제공, 신규/우량 고객에 대한 관심

REFERENCE

SERVQUAL의 다차원적 서비스 품질 측정

종래에 여러 학자들은 서비스 품질을 측정할 때 기술과 품질, 과정과 품질의 2가지 차원을 가지고 분류하거나 물리적 품질, 고객과 상호작용 품질, 기업 이미지 품질의 3가지 차원으로 평가했다. 그러나 이와 달리 SERVQUAL 측정도구는 신뢰성, 유형성, 대응성, 확신성, 공감성이라는 다차원의 기준으로 더 체계적으로 서비스 품질을 평가하고 품질 향상을 위해 고민했다. 또한 서비스 품질의 상대적 중요도는 신뢰성 → 대응성 → 확신성 → 공감성 → 유형성 순이다.

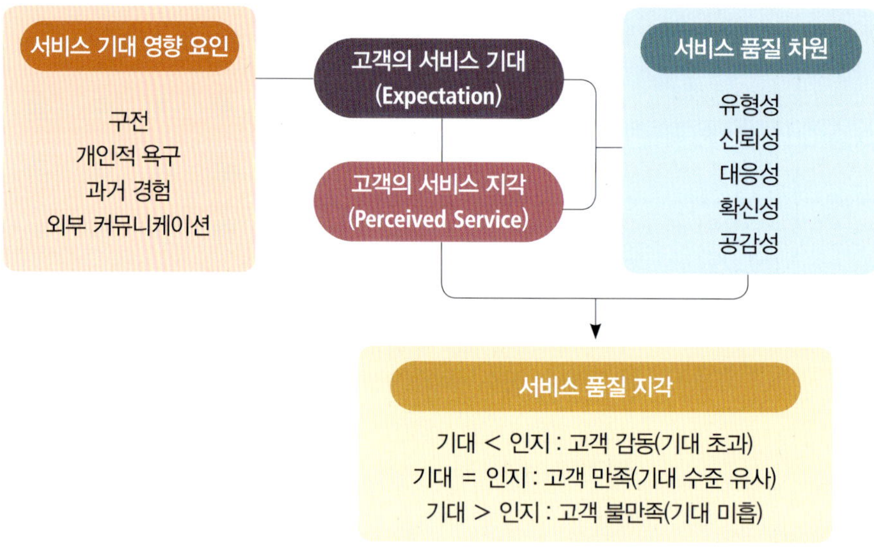

그림 6.2 SERVQUAL을 이용한 서비스 품질 평가

3) 서비스 품질 격차 모델(GAP 이론)

기업은 SERVQUAL 기준을 통해 고객이 최종적으로 느끼고 인지하는 서비스 품질에 영향을 미치는 여러 가지 기업 내부 요인을 연구하여 서비스 품질 관리에 대한 올바른 방향을 찾게 된다. 결과적으로 서비스 품질 격차(GAP) 모델은 기업의 서비스 품질을 높이기 위해 서비스 개념이 만들어지는 시점부터 서비스가 고객에게 전달되기까지 전체 과정을 살펴봄으로써 고객이 지각한 서비스 품질상의 문제점을 기업 내의 결점이나 격차와 연결해 찾아내고, 이 격차를 좁힘으로써 서비스 품질을 개

선, 관리하는 과정을 의미한다.

표 6.2 서비스 품질 격차(GAP)

구분	원인	해결방안
격차 1	경영자가 고객의 기대를 정확히 파악하는 데 실패함	고객의 요구와 니즈를 정확히 반영하는 시장 조사 실시 상향적 커뮤니케이션을 활성화하여 쌍방향 소통형 보고
격차 2	시장 상황에 대한 분석이 미진하고 경영층이 이에 무관심함	기업 최고 경영자의 헌신 서비스 품질 목표 개발 및 업무 표준화 고객 기대에 대한 실행 가능성 여부 인식
격차 3	서비스를 수행하는 종업원이 서비스 내용을 제대로 숙지하지 못하거나 수행할 능력이 부족함	종업원에게 적절한 교육, 훈련을 하여 담당 업무에 대한 정확한 책임감과 역할 범위를 인식시킴 협력(Team Work)을 통한 업무 시너지 효과 강조 종업원 간의 업무적 역할 갈등 해소
격차 4	과대 및 허위 광고 등 고객과의 마케팅 커뮤니케이션이 부족함	조직 내 구성원 간의 수평적 커뮤니케이션을 통한 업무 효율성과 협업 강조 고객에게 제품과 서비스에 대해 과대 약속하지 않는 자세
격차 5	고객이 기대하는 서비스 품질과 고객이 실제 경험한 서비스 품질 간에 차이가 발생함	격차 1~4에 따라 발생한 최종 서비스 품질은 수용할 수 없는 것부터 이상적인 것까지 다양하므로 각각의 격차를 줄이기 위한 기업의 다면적 노력이 요구됨

1 격차 1. 고객의 기대와 경영층의 고객에 대한 인식

서비스 제공자인 기업의 경영층이 고객의 기대와 욕구를 분석하여 서비스 철학과 전략을 종업원에게 제시할 때 고객의 기대와 욕구를 제대로 파악하지 못하면 격차 1이 발생한다. 즉, 서비스 기업이 제공하는 서비스와 고객이 기대하는 서비스에는 차이가 있으므로 기업의 경영층은 고객이 원하는 것이 무엇인지를 정확히 분석하여 그에 맞는 서비스 철학을 정립하는 것이 중요하다. 마치 첫 단추를 잘 끼워야 하는 것과 같은 이치이다.

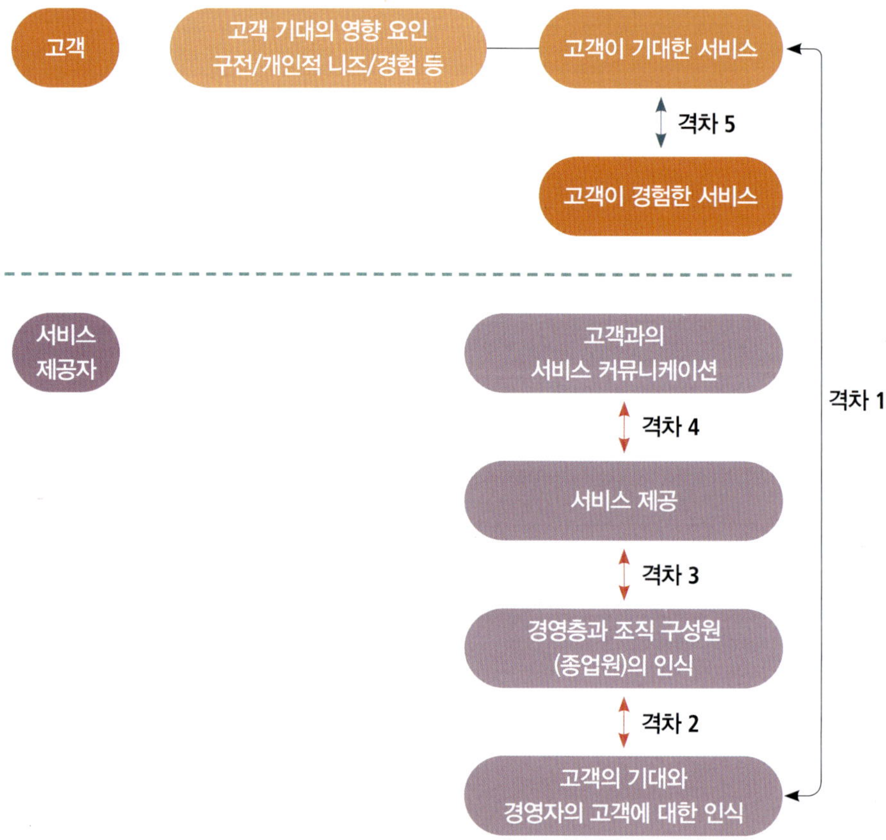

그림 6.3 서비스 품질 격차(GAP)

2 격차 2. 경영층과 조직 구성원(종업원)

고객에게 올바른 서비스를 제공하기 위해서는 고객을 생각하는 서비스 철학에 입각하여 적절한 방법으로 서비스를 절차대로 수행하는 기준이 마련되어야 한다. 서비스를 제공하는 종업원이 누구인지에 따라 고객이 받는 서비스 품질상에 차이가 생기지 않게 해야 한다. 이를 위해서는 서비스를 제공하는 방법과 절차(Process)에 고객을 접하는 종업원들의 의견이 충분히 수렴되어야 하며, 서비스 전달의 핵심 요소들이 적절한 교육과 훈련 기회를 통해 종업원들에게 잘 전달되어야 한다.

3 격차 3. 종업원과 고객 간 서비스 제공과 전달

종업원이 직접 고객에게 서비스를 제공할 때 서비스 절차에 따라 표준화된 서비스를 제공하지 않을 경우 발생하는 격차를 말한다. 이러한 격차를 최소화하기 위해서는 SERVQUAL의 5개 차원에 따라 구체적인 표준 서비스 업무를 정하고, 그에 따라 종업원들이 고객에게 정확한 서비스를 제공하도록 정기적으로 서비스 품질을 평가하고 측정할 필요가 있다.

4 격차 4. 기업의 서비스 마케팅에 따른 고객과의 커뮤니케이션

기업의 과장 광고나 허위 선전은 고객에게 한 번은 통할지 모르지만, 결과적으로 피해를 본 고객이 서비스 불만 세력이 되어 장기적으로 기업의 이익에 막대한 손실을 끼칠 수 있다. 따라서 기업은 고객에게 제공할 수 있는 서비스를 약속하고 끝까지 이행할 수 있는 신뢰를 바탕으로 서비스 마케팅을 해야 한다.

5 격차 5. 고객이 기대한 서비스와 경험한 서비스의 최종 격차

격차 5는 결과적으로 격차 1부터 4에서 발생한 모든 차이를 말한다. 고객의 기대치(Expectation) 대비 경험한 서비스(Perceived Service)의 차이가 어느 정도인지가 서비스 품질의 차이가 된다.

3. 서비스 품질과 고객 만족도 평가

공신력 있는 다양한 기관에서 조사한 서비스 품질 부문의 고객 만족도에서 좋은 평가를 받는 것이 기업 입장에서 왜 중요한지 살펴볼 필요가 있다. 고객 만족도에서 우수한 평가를 받은 기업은 설사 그 기업의 제품이나 서비스를 사용해 보지 않은 고객일지라도 믿음을 갖고 안정적으로 구매할 수 있는 신뢰감을 준다. 공식적 평가는 고객이 중요하게 여기는 부문에서 기업이 탁월한 성과를 내고 있음을 공적으로 알리고, 다른 기업들과 차별화된 경쟁력이 있음을 자연스럽게 알리는 홍보 기회가 될 수 있다. 또한 기업이 자사의 서비스 성과에 대한 객관적 표준을 공식적으로 제공할 수 있다는 장점이 있다.

1 국제 품질 표준

스위스 제네바에 소재하는 국제 표준화 기구에서 개발하여 유럽 연합(EU)에서 시행되는 품질 관련 지침인 ISO(International Standard Organization)는 전 세계적으로 가장 광범위하게 시행되고 있는 품질 기준의 하나이다. 이 기준은 증대되는 서비스 산업을 위해 새로운 서비스 국제 표준을 제정하고, 삶의 질을 확보하기 위한 환경 표준에 이르기까지 그 영역을 넓혀 가고 있다.

2 한국 서비스 품질 지수

서비스 경제 사회가 대두함에 따라 선진화된 서비스 접촉 기회가 증가하면서 한국 실정에 맞는 고객 맞춤형 서비스 품질 측정 방안이 필요해졌다. 이러한 요구에 따라 한국표준협회가 주관하는 KS-SQI(Korean Standard Service Quality Index)는 서비스 산업의 품질 평가를 위해 개발된 국내 첫 서비스 품질 평가 지수이다.

3 한국 산업의 고객 만족도 지수

한국능률협회컨설팅 주관하에 실시되는 KCSI(Korean Customer Satisfaction Index) 조사는 한국 산업의 주요 제품 및 서비스에 대한 고객의 만족도 수준을 측정한다. 측정된 고객 만족도 결과를 통해 각 산업의 고객 만족도 현황을 확인하고 개선 및 보완 사항을 찾아 기업의 경쟁력을 향상하기 위한 지표로 활용한다. 매년 고객 만족도 조사를 실시하며 우수 기업 선정 및 결과는 언론을 통해 알린다.

4 국가 고객 만족도 지수

미국의 고객 만족도 지수인 ACSI(America Customer Satisfaction Index)는 기업, 산업, 국가 경제 간의 연관성을 고객 만족이라는 서비스를 측정해 평가하는 시스템으로, 1989년에 개발된 스웨덴 고객 만족 지표를 바탕으로 1994년에 개발되었다. ACSI는 오스트리아, 타이완, 뉴질랜드를 비롯하여 전 세계에 도입되었으며 한국에서는 생산성본부에 의해 국가 고객 만족도 지수 NCSI(National Customer Satisfaction Index)라는 명칭으로 채택되었다.

5 공공기관 고객 만족도 지수

서비스 사회에서 IT 발달은 정보 공유의 생활화, 국민 의식 수준의 향상 등의 변화와 함께 이윤을 추구하는 민간기업뿐만 아니라 국민들의 기대 수준을 충족시키기 위한 정부와 공공기관의 변화까지 가져왔다. 이전의 고객 만족도 조사가 대부분 민간기업을 중심으로 이루어졌다면, PSCI(Public Sector Customer Satisfaction Index)는 공기업과 정부 산하기관의 평가에 사용될 수 있도록 개발된 고객 만족 서비스 품질 측정 지수이다.

학습 정리

학습 목표

대표적인 서비스 품질 이론인 SERVQUAL과 서비스 격차 모델(GAP)의 개념을 활용하여 고객의 서비스 품질 인식 방법을 정확하게 이해할 수 있다.

1. 서비스 품질 측정

서비스 품질이란 서비스 고객의 기대에 부응하는 인적, 물적, 시스템적 서비스의 전체 특성이며, 이를 표준화하여 고객의 입장에서 부족한 점을 보완하고 지속적으로 관리하는 것을 서비스 품질 관리라고 한다.

2. 그린루스(Grönroos)의 서비스 품질 모형

구분	내용
전문성과 기술	고객의 입장에서 서비스 제공자, 종업원, 서비스 운영 체계, 유형적/물리적 자원들이 고객의 문제를 해결하는 데 필요한 지식과 기술을 보유하고 있다고 느끼는 것
태도와 행동	고객의 입장에서 고객과 접촉하는 종업원들이 친절하고 자발적으로 고객에게 관심을 기울이고 문제를 해결한다고 느끼는 것
접근성과 융통성	고객의 입장에서 서비스 매장의 위치, 종업원, 서비스 운영 체계 등이 서비스를 받기 쉬운 위치에 있고 고객의 기대와 수요에 따라 융통성 있게 조절될 수 있다고 느끼는 것
신뢰성과 믿음	고객의 입장에서 무슨 일이 있어도 서비스 제공자, 서비스 운영 체계 등이 약속을 잘 지키고 고객을 최우선으로 고려하여 서비스를 이행할 것이라고 느끼는 것
서비스 회복	고객의 입장에서 서비스 실패나 이례 상황에 대해 서비스 제공자가 능동적으로 서비스를 바로잡으려고 노력하거나 해결 대안을 찾아내려 노력한다고 느끼는 것
평판과 신용	고객의 입장에서 서비스 제공자가 서비스 운영, 성과, 가치를 함께 공유하고 공감한다고 믿는 것

3. 서비스 품질 측정도구(SERVQUAL)

10개 차원	5개 차원	내용
유형성	유형성	물리적 시설, 장비, 직원의 용모/복장과 서비스 태도
신용성	신뢰성	약속한 서비스를 믿고 정확하게 수행할 수 있는 능력
반응성	대응성	고객을 돕고 신속한 서비스를 제공하려는 자세
능력/예의 신뢰성/안전성	확신성	종업원의 업무 전문성과 지식, 자신감, 고객을 대하는 신뢰감 있는 태도
접근성/ 의사소통/고객 이해	공감성	기업이 고객에게 제공하려는 개별적인 배려와 관심

4. 서비스 품질 격차(GAP) 모델

구분	내용
격차 1	고객_기업 경영자 고객의 기대와 경영자의 인식 차이
격차 2	기업 경영자_종업원 경영자의 인식과 종업원의 서비스 수행 서비스 기준 간의 차이
격차 3	서비스 수행 기준_실제 서비스 제공 종업원에 의해 수행되는 서비스 기준과 실제 제공되는 서비스 간의 차이
격차 4	서비스 마케팅 커뮤니케이션_실제 서비스 제공 서비스 제공에 필요한 기업 내부의 부서 간 커뮤니케이션, 고객에게 광고 등을 통해 제공되는 외부 커뮤니케이션과 실제 수행되는 서비스 간의 차이
격차 5	고객이 기대하는 서비스 품질_고객이 실제 경험하는 서비스 품질 (격차 1~4단계에 걸친 차이의 최종적 총합) 최종 소비자인 고객이 경험하는 서비스 품질은 최초 고객이 기대했던 서비스와 인식한 서비스 간의 차이

심화 학습

학습 목표

대표적인 서비스 품질 이론인 SERVQUAL과 서비스 격차 모델(GAP) 외에 다양한 서비스 품질 모형을 이해할 수 있다.

1. 가빈(Gavin)의 품질 모형

구분	내용
성과	제품이나 서비스가 가지고 있는 운영상의 특징
특징	제품이 가지고 있는 고유한 차별성, 타사와의 경쟁력
신뢰성	제품이나 서비스의 제공 과정에서 실패하거나 잘못될 가능성
적합성	고객의 세분화된 요구를 충족시킬 수 있는 능력
지속성	고객에게 지속적으로 제품이나 서비스의 가치를 제공할 수 있는 기간
심미성	제품이나 서비스의 제공 과정에서 나타나는 외관의 미적 기능
인지된 품질	서비스 제공자인 기업의 브랜드 이미지와 명성
서비스 제공 능력	제품이나 서비스 제공과 관련된 속도, 친절, 문제해결 능력 등

2. 카노(Kano)의 품질 모형

구분	내용
매력적 품질 요소	고객이 미처 기대하지 못한 부분을 충족시켜 주거나, 고객의 기대 이상으로 만족을 주는 품질 요소
일원적 품질 요소	고객의 명확한 요구사항으로, 이 요소가 충족되면 만족은 증대되고 충족되지 않을수록 불만이 커짐
당연적 품질 요소	최소한 마땅히 있을 것이라고 생각되는 기본 품질 요소로, 충족되면 당연한 것이므로 별다른 만족감을 주지는 못하지만 충족되지 않을 경우 불만을 일으키는 요소로 작용함
무관심 품질 요소	충족 여부와 상관없으며, 만족도 불만도 일으키지 않는 품질요소
역 품질 요소	충족이 안 되면 만족을 일으키고, 오히려 충족되면 불만을 일으키는 품질 요소

3. 서비스 품질이 낮을 수밖에 없는 이유

■ 비용 절감과 원가 절약

인건비를 절약하기 위해 종업원을 적게 쓰는 식당에서는 양질의 서비스 품질을 기대하기 어렵다. 또한 인건비 상승을 막기 위해 셀프 서비스를 무턱대고 확대할 경우, 고객의 접점 서비스 종업원이 줄어 서비스 수준이 낮아질 수 있으므로 신중하게 접근해야 한다.

■ 서비스업에 대한 낮은 인식

서비스 종사자들이 하는 일은 전문성을 가지고 있다기보다는 누구나 쉽게 할 수 있는 비숙련, 비휴련 직종이라는 잘못된 인식으로 인해 업무에 집중하려는 동기가 생기기 쉽지 않다. 또한 일시적으로 근무하는 직장 정도로 생각하는 사람들도 있기 때문에 직장 내에서 본인의 커리어를 개발하기가 어려울 수 있다.

■ 생산성과 효율성 우선주의

서비스의 생산성과 효율성을 강조하게 되면 자연스럽게 서비스 품질은 우선 순위에서 밀리게 된다. 예를 들어, 고객 상담 전화가 세 번 울리기 전에 받아야 한다는 내부 업무 지침을 준수하는 데 급급하여 전화벨이 울리면 즉시 받자마자 끊어 버리는 잘못된 업무 태도 등을 들 수 있다.

■ '고객 만족도' 개념에 대한 무지함

고객들은 대개 서비스 수준이 높지 않을 수도 있다는 생각에서 일정 범위 이상 서비스를 요구하지 않기도 하며, 반대로 서비스 제공자인 종업원은 자신의 서비스가 대다수의 고객들에게 만족을 주고 있다고 착각하기 쉽다.

■ 서비스 표준화의 어려움

다수의 고객에세 다양한 서비스를 제공할 경우 관련된 서비스 실수를 저지를 가능성이 높으며, 실제 고객 수가 많은 은행이나 대형 백화점에서 의외로 불만족스러운 서비스 경험을 가지고 있는 고객이 많다고 한다.

■ 서비스 무형성/비분리성의 특징

일반적으로 서비스는 수치화하거나 수량으로 측정하기 힘들며, 생산과 동시에 소비가 일어나므로 사전 품질 관리가 어렵다.

PART 03

고객 만족을 위한 서비스 실무

CHAPTER 07

고객을 위한 효과적인 서비스 전략

서비스 리더십이란 내부 고객 또는 리더에게 올바른 대접과 서비스를 받을 때 만족을 느끼고, 그러한 만족 경험을 토대로 외부 고객에게 감동을 선사하는 서비스를 제공할 수 있다는 개념에서 출발했다. 이 장에서는 고객 만족을 위한 서비스 제공자로서의 신념(Concept), 태도(Mind), 능력(Skill)을 기반으로 하는 올바른 서비스 커뮤니케이션 전략에 대해 살펴보고자 한다.

1. 서비스 이미지메이킹

누구나 할 수 있는 것이 서비스이지만, 제대로 된 서비스는 아무나 할 수 있는 것이 아니라고 한다. 자신을 제외한 모든 사람이 서비스를 받는 대상인 고객이라고 할 수 있는 서비스 사회에서는 고객에게 좋은 인상을 심어 주고 이를 바탕으로 편안하고 적절한 대인 관계를 형성하는 것이 서비스 이미지메이킹의 중요한 요소가 된다.

1) 이미지의 의미

이미지의 어원은 라틴어인 'Imago'와 그 동사형인 'Imitari'로 모방하다(Imitate)라는 뜻에서 유래했으며, 사전적 의미로는 특정 대상의 형태에 대한 모방이나 재현을 뜻한다. 예를 들어, 어떤 사람을 떠올릴 때 생각나는 모습, 표정, 음성, 말투, 옷차림, 성격, 태도, 자세 등과 같은 그 사람에 대한 여러 가지 느낌이 머릿속에서 형체를 만들어 이를 재구성하고 편집하여 그 사람에 대한 생각과 감정이 모여 대표성을 가지는 것이 바로 이미지이다.

따라서 이미지를 좋게 만들기 위해서 자신의 장점은 최대한 부각시키고 단점을 보완하여 타인에게 긍정적이고 차별화된 이미지를 줌으로써 경쟁력을 확보하는 것이 중요하다.

1 외적 이미지(Appearance)

인간의 외부로부터 나타나는 종합적인 이미지로 내적 이미지가 언행, 표정, 자세, 외모 등의 꾸밈 행동을 통해 외부로 표현된 것이다.

2 내적 이미지(Mental Representation)

자신에 대해 가지고 있는 개인의 생각과 느낌의 총합을 말한다. 자신의 신체나 행동 능력을 판단하는 결정체로 심성, 생각, 습관, 욕구, 감정 등이 유기적으로 결합되어 나타난다.

3 사회적 이미지(Social Image)

특정한 사회 속에서 성립되고 그 사회 구성원들이 의심 없이 모두 받아들이는 이미지이다. 예를 들어, 항공사 객실 승무원의 이미지는 깨끗함, 단정함, 친절함, 화사함, 우아함, 세련됨, 항공사를 대표하는 전문인으로 인식하는 것이 일반적이다.

2) 이미지의 구성요소

1 매러비안의 법칙(Mehrabian, 1970)

사람의 이미지는 표정, 자세, 동작, 외모 등과 같은 시각적 요소 55%, 음성의 고저, 톤, 억양, 음색과 같은 청각적 요소 38%, 언어적 요소 7%에 의해 결정된다. 즉, 한 사람에 대한 이미지를 형성하는 데 그 사람과 주고받는 대화의 내용과 같은 언어적 요소보다는 눈으로 보고 듣는 과정에서 상대를 판단하는 시청각적 요소가 훨씬 더 큰 영향을 미친다.

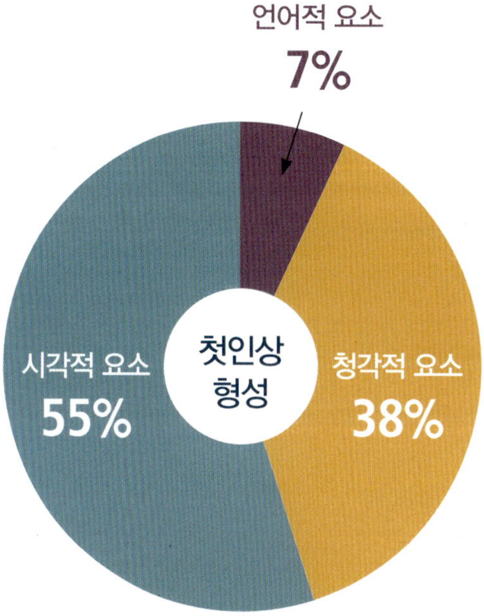

그림 7.1 매러비안의 법칙

2 생활 가치, 경험, 배경

생활 가치는 자신이 삶 속에서 중요하다고 생각하는 것으로, 비교적 안정적으로 유지되며 자신의 태도, 선택에 영향을 미친다. 또한 살면서 자신이 직접 경험한 내용과 타인의 경험을 통해 전해 들은 것도 이미지 형성에 영향을 미치게 되는데, 오늘날과 같이 매스컴의 발달로 간접 정보 및 경험이 중요한 시대에는 그 영향력이 훨씬 크다.

3) 이미지와 관련된 다양한 효과

1 초두 효과

어떤 사람에 대해 처음 접한 정보가 나중에 접한 정보보다 그 사람에 대한 인상 형성에 훨씬 더 큰 비중을 차지한다.

2 후광 효과

한 가지 긍정적 특징을 지닌 사람이 다른 긍정적 특성도 모두 지녔을 것이라고 생각하는 경향으로, 호의를 느끼면 상대방이 보여 주지 않은 측면도 좋게 평가하지만 싫어하게 되면 모든 것을 부정적으로 생각하게 된다.

3 최근 효과

처음에 본 것보다 시간적으로 나중에 제시된 정보의 영향을 더 많이 받는다.

4 부정성 효과

부정적 정보가 긍정적 정보보다 인상 형성에 더 강력하게 작용하는 것을 말하며, 첫인상에서 부정적 정보를 접하면 긍정적 정보로 바꾸는 것이 상당히 어렵다.

5 악마 효과

싫은 사람이라는 인상이 형성되면 그 사람의 다른 측면까지 제대로 보려 하지 않고 모두 부정적으로 평가한다.

6 맥락 효과

처음에 내린 판단에 따라 이후에 입력된 정보에 대한 판단도 같은 흐름과 맥락으로 결정하려고 한다.

7 일관성 오류

한번 판단을 내리면, 상황이 달라져도 처음 내렸던 판단을 지속하려고 한다.

8 빈발 효과

첫인상이 좋지 않게 형성되었다고 하더라도, 반복해서 제시되는 행동이나 태도가 첫인상과 달리 진지하고 솔직하게 되면 차차 좋은 인상으로 바뀌는 현상이다. 자주 볼수록 인상이 달라지는 것을 말하며, 흔히 "저 사람 처음 볼 때는 그렇지 않았는데 겪어 보니 참 성실하네" 같은 표현이 이에 해당한다.

9 콘크리트 효과

한번 만들어진 첫인상은 쉽게 바꾸기 어려운 지속성을 지닌다. 한번 만들어진 첫인상이 무려 40시간에 걸친 재면담을 통해 바뀔 가능성이 있다는 연구도 있다. 이처럼 첫인상은 콘크리트처럼 쉽게 굳어지므로 쇠망치로 부수듯 손쉽게 바꾸는 것은 사실상 어렵다.

10 인지적 구두쇠 이론

어떤 사람에 대한 첫인상을 형성할 때, 사람들은 상대를 판단하는 과정에서 가급적이면 노력을 덜 들이고 쉽게 '이런 성향의 사람일 거야'라는 결론을 내리려고 하는 속성이 있다.

4) 이미지메이킹 방법

좋은 첫인상을 형성하려는 노력은 항상 밝은 미소를 지어 온유하고 따뜻한 사람으로 기억되도록 표정 관리를 잘하는 것에서 시작된다. 또한 "우리의 눈은 우리의 혀보다 많은 말을 한다"라는 랄프 왈도 에머슨(Ralph Waldo Emerson)의 말처럼, 올바

른 의사소통을 위해서 적절한 눈맞춤과 함께 상황에 맞는 바른 자세와 동작을 취하도록 노력해야 한다. 또한 때와 장소에 맞는 인사법을 비롯해 다양한 비즈니스 매너를 익혀 공적 영역에서 타인을 대할 때 원만한 대인 관계를 형성할 수 있도록, 항상 자신의 외적, 내적 이미지메이킹을 잘 관리하는 것은 필수이다.

REFERENCE

에티켓, 매너, 예절(예의)

마치 시소게임처럼 서로 주고받는 관계에서 균형을 유지하며 서로서로 좋은 관계를 유지하려고 하는 호혜성(Reciprocality)의 원칙과 관련이 깊다. 각기 어원은 다르지만 오늘날 비즈니스 사회에서 에티켓과 매너, 예절(예의)은 별도의 구분 없이 함께 사용되고 있다. 사회나 조직에서 자신과 타인의 상호작용을 통해 이루어지는 사회적 커뮤니케이션 관계에서 서로에게 전달하고자 하는 의사를 명확히 하고, 동시에 상대를 배려하는 친절함과 정중함을 전달하는 다양한 행동 규범과 양식을 통틀어 의미한다.

▪ 에티켓

고대 프랑스어의 'Estiquer(붙이다)'에서 파생된 단어로, 입간판 또는 안내 표지, 입장권 정도로 해석할 수 있다. 과거 중세 유럽의 궁정 사교계에서 다양한 궁중의 법도 및 관계를 준수하도록 지급되었던, 유의사항을 적은 티켓 또는 당부의 입간판 등이 오늘날 '옳다고 생각되는 행위' 또는 '바른 처신'의 뜻으로 변화된 것이다.

▪ 매너

영어의 Hand(행동, 습관)를 뜻하는 라틴어의 'Manus'와 영어의 Way(방법)를 뜻하는 'Arius'의 합성어로 행동 방식 또는 습관의 표출을 의미한다. 매너는 사람마다 갖고 있는 독특한 행동 방식을 의미하는데, 이런 행동은 타인에 대한 배려를 바탕으로 한다는 특징이 있다. 매너라는 표현은 현대 사회에서 테이블 매너, 음주 매너, 비즈니스 매너, 운전 매너 등의 관용적 표현을 통해 일상화되었다.

▪ 예절(예의)

여러 사람과 공동 생활을 하는 데 상호 간에 절도를 지키며 조화를 이루기 위해 지켜야 할 행동 규범을 뜻한다. 도덕적으로 옳은 행동을 바탕으로 상대방의 인격을 존중하며 윗사람을 공경하고 아랫사람을 사랑하는 마음, 상대의 입장을 헤아리는 역지사지와 어렵고 힘든 일은 서로 돕는 상부상조의 정신 등이 포함된다. 인간이 지켜야 할 규범과 이를 지키려는 노력인 예의 범절을 의미한다.

2. 서비스 커뮤니케이션

커뮤니케이션은 '함께하다', '나누다', '배분하다'는 뜻의 라틴어에서 비롯되었다. 서비스 커뮤니케이션은 명확하게 의사를 전달하고 정보를 공유하는 일방적 커뮤니케이션과 달리, 사회나 조직에서 접하는 다양한 대상과 상호작용하며 이루어지는 의사소통을 말한다. 즉, 상호 간의 의사소통을 통해 전달하고자 하는 내용과 의미를 명확하게 이해시킬 뿐만 아니라, 그러한 과정에서 상대를 배려하는 친절함과 정중함을 동시에 전달할 수 있어야 한다.

1) 서비스 커뮤니케이션의 4C 원칙

1 배려(Consideration)

상대방의 눈높이와 말하는 속도, 내용 등을 종합적으로 고려하여 상대(You)에게 맞추어 소통하려는 노력을 의미한다. 예를 들어, 노약자나 어린이와 대화할 때는 상대의 상황과 특성을 고려하여 친절하게 응대하는 것이 중요하다.

2 간결(Conciseness)

상대방에게 전달하고자 하는 내용이 논리적으로 간결하게 전달되어야 한다. 장황하게 수식어를 많이 사용하거나 반복하여 설명하면 정작 무슨 내용을 전달하고자 하는지 대화하는 과정에서 혼란스러울 수 있다. 따라서 핵심 내용을 간결하게 전달하는 화법을 연습할 필요가 있다.

3 명확(Clarity)

누구나 알아듣기 쉬운 속도, 억양 등을 구사하고 이해하기 편한 용어나 어휘를 사용하는 것을 말한다. 대화를 잘한다는 것은 상대방이 잘 알아듣게 이야기하고 상대방의 이야기에 귀를 기울이고 공감하는 것을 의미하므로 전문 용어의 사용은 최대한 자제하는 것이 좋다.

4 정중(Courtesy)

똑같은 표현이라도 '아' 다르고 '어' 다르다고 말하는 것처럼, 상대방에게 친밀감을 주면서도 정중한 표현을 사용하여 대화하는 것이 중요하다. 특히 공적 관계에서의 사회적 커뮤니케이션은 비속어나 은어, 지나친 줄임말을 피하고 품위 있게 하도록 노력한다.

2) 다양한 서비스 응대 화법

1 신뢰 화법

의사소통 과정에서 상대에게 신뢰감을 줄 수 있는 말과 화법을 말한다. 정중어체인 '다나까' 표현과 '요조체'의 비율을 7:3으로 적절히 배합하여 완전한 문장으로 표현한다.

예 "식사 준비해 드리겠습니다. 음료는 어떤 것으로 준비해 드릴까요?"
"맛있게 드십시오."
"신청하신 부분은 저희 부서에서 해결해 드리겠습니다."

2 레이어드 화법

명령형 어투는 듣는 이로 하여금 거부감이나 반발심을 느끼게 할 수 있으므로 질문형이나 의뢰형으로 바꾸어 말하는 것이 좋다.

예 "몸이 불편한 승객이 먼저 지나갈 수 있도록 잠시만 기다려 주시겠습니까?"
"요청 사항을 다시 한번 말씀해 주시겠습니까?"

❸ 칭찬 화법

형식적이거나 상투적인 칭찬이 아니라 구체적인 내용을 칭찬하여 상대가 소중한 존재임을 느끼게 해 주는 화법이다.

> 예 "원하는 사항을 구체적으로 설명해 주셔서 감사합니다."
> "큰 도움이 될 것 같습니다."
> "기다려 주셔서 감사합니다."

❹ 나 전달 화법

너(YOU) 전달법은 상대방이 명령, 충고, 비난으로 받아들이기 쉽지만, 상대에 대해 자신(I)이 어떻게 느끼는지를 얘기하여 상대방을 존중하면서 정확하게 의사를 전달할 수 있다.

> 예 "당신의 행동이 제3자에게 다소 불편함을 느끼게 할 수 있을 것 같아 안타깝습니다."

❺ 아론슨 화법

부정과 긍정의 내용을 함께 전달할 경우, 가급적 부정적 내용을 먼저 언급하고 긍정적 의미로 대화를 마무리하는 화법이다.

> 예 "진료비는 다른 병원과 비교해 다소 비싸다고 느낄 수 있지만, 저희 병원의 개별 맞춤 진료 서비스를 경험해 본 환자분들의 만족도는 매우 높습니다."

❻ 쿠션 화법

상대에게 양해를 구하거나 부탁을 할 때 쿠션 용어를 사용하면 거부감이나 불편함을 줄이고 말하는 내용에 집중하게 할 수 있다.

예 실례합니다만/양해해 주신다면/번거로우시겠지만/괜찮으시다면 등

7 산울림 화법

고객이 한 말을 반복하여 정리하는 과정에서 이해와 공감을 얻을 수 있는 화법이다.

예 "아, 지금까지 얘기하신 불편 사항이 전부 OO항공 OOO편 기내에서 받은 서비스와 관련된 사항이군요. 불편 사항은 정확히 잘 들었습니다."

8 Yes, But 화법

상대의 말이 선뜻 동의하기 어렵더라도 가급적 긍정의 표현을 먼저 한 뒤, 차근히 자신의 의견이나 생각을 표현하는 화법이다.

예 "설명하신 그 부분은 잘 모르겠습니다. 괜찮으시다면 제가 알아보고 연락을 다시 드리면 어떻겠습니까?"
"요청하신 그 부분은 어렵습니다만, 도와드릴 수 있는 다른 방법을 최대한 찾아보겠습니다."

9 부메랑 화법

고객이 제품에 대해 트집을 잡거나 가벼운 불만을 표시할 때, 그 부분이 제품의 장점 또는 특징이라고 긍정적으로 안내하는 화법을 말한다.

예 고객 : "다 좋은데, 서비스를 받는 가입 조건이 너무 까다롭네요."
종업원 : "고객님이 가입 조건이 까다롭다고 얘기하시는 바로 그 부분이 저희 브랜드만의 차별화된 특징이라고 할 수 있습니다. 고객 눈높이에 맞는 서비스를 위해 항상 최상의 서비스 품질을 관리하고 있습니다."

10 후광 화법

공신력 있는 자료나 전문가, 유명인을 활용하여 고객의 저항감을 감소시키는 화법이다.

> 예 고객 : "제품은 마음에 드는데, 가격이 너무 비싸네요."
> 종업원 : "가격이 타 제품 대비 다소 비싸지만 좋은 퀄리티의 소재를 사용했다는 특징 때문에 저희 매장에서 제일 많이 판매되는 상품입니다."

© erhui1979 / DigitalVision Vectors / Getty Images

3) 다양한 서비스 질문 기법

1 개방형 질문

고객이 자유롭게 의견이나 정보를 말할 수 있도록 하는 질문이며, 고객이 적극적으로 이야기하게 함으로써 마음의 여유가 생기도록 한다.

> 예 "식사 서비스는 어떠셨습니까?"

2 선택형 질문

단순히 '예/아니오'로 답하거나 단순한 사실 혹은 몇 개 중 하나를 선택하게 하는 단답형 질문을 통해 구체적으로 고객이 무엇을 원하는지 알 수 있다.

© FotografiaBasica / DigitalVision Vectors / Getty Images

예 "양식 스테이크 메뉴의 익힘 정도가 마음에 드십니까?"
"스테이크와 곁들일 소스를 추가로 준비해 드려도 되겠습니까?"

3 확인형 질문

최종적으로 고객의 답변에 초점을 맞추어 처리해야 할 사항을 정확하게 알 수 있다.

예 "말씀하신 주요 일간지를 바로 준비해 드리겠습니다. 그 밖에 더 필요한 것은 없으신지요?"

3. 서비스 리더십

조직 내에서 공동의 업무 목표를 설정하고 이를 달성하기 위해 구성원들의 협력을 이끌어 내는 강력한 영향력을 리더십이라고 한다. 이는 내부 고객인 구성원들이 수평적이고 긍정적인 상호작용을 통해 리더에게 중요한 고객으로 대접받고 서비스 만족감을 느끼게 되면, 이를 바탕으로 외부 고객 만족을 이끌어 내는 서비스를 제공할 수 있다는 내부 마케팅과 밀접하게 연결되어 있다.

1) 서비스 리더십의 핵심 요소

1 신념(Concept)

머릿속에 서비스에 대한 개념을 정리하고 그것을 철학으로 만들어 고객 만족을 이끌어 내는 서비스 행동으로 연결시키는 핵심 요소로, 철학, 비전, 혁신이라는 3가지 하위 요소로 구성된다.

2 태도(Mind)

서비스 리더가 갖추어야 할 기본적인 마음가짐으로, 고객에게 진정성 있게 다가가서 도움과 만족을 줄 수 있을지를 고민하는 자세에서 비롯된다. 열정, 애정, 신뢰라는 3가지 하위 요소로 구성된다.

3 능력(Skill)

고객의 요구와 니즈를 정확하게 파악하고 충족시키려는 노력을 말하며, 서비스는 고객과의 인간 관계에서 전달하는 과정이므로 올바른 인간 관계 능력을 확보하지 않으면 제대로 된 서비스를 제공하기 어렵다. 운영 능력, 창조 능력, 관계 능력이라는 3가지 하위 요소로 구성된다.

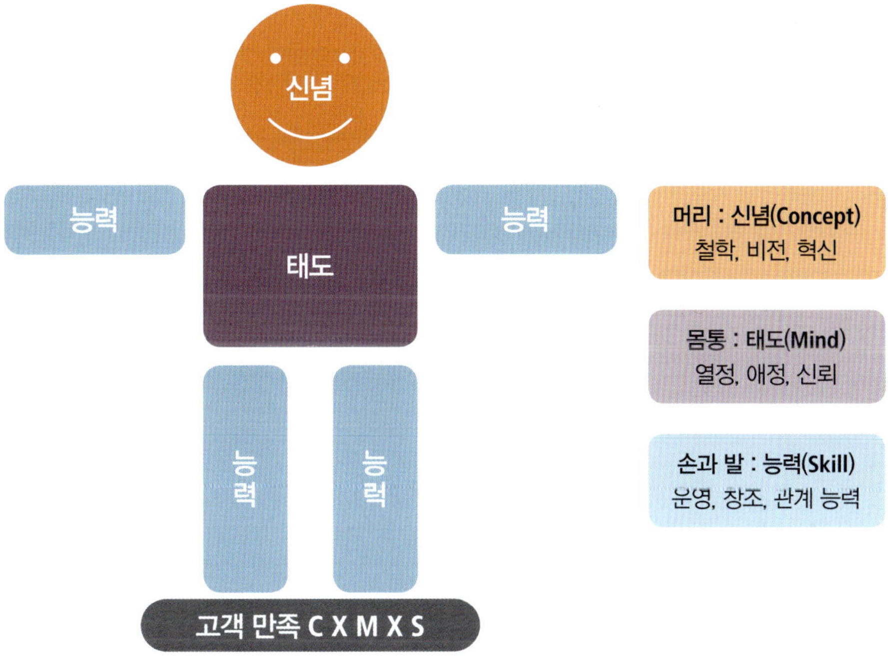

그림 7.2 서비스 리더십의 구성요소

2) 서비스 리더의 역할

1 리더 자신에 대한 올바른 파악

리더 자신의 강점과 보완점을 객관적으로 파악하여, 리더로서의 강점은 극대화하고 약점과 보완점은 솔직하게 인정하여 개선하기 위해 부단히 노력해야 한다.

2 리더와 구성원의 올바른 관계 형성

조직의 성공은 리더와 구성원 전체의 상부상조를 통해 얻는 결과이지, 단순히 리더의 뛰어난 재능에 의한 결과가 아님을 항상 인식해야 한다. 리더는 구성원의 장점과 보완점을 정확히 파악하여 적절하게 역할을 부여하고 권한을 위임하여 자율적으로 업무를 수행할 수 있도록 함으로써 내부 고객 만족도를 높이는 리더십을 발휘해야 한다.

3 구성원에 대한 상담자와 조언자의 역할

구성원들의 장점은 구체적인 칭찬과 독려를 통해 극대화하고, 업무상 부족한 점이

REFERENCE

공식적 리더 VS 비공식적 리더

- 공식적 리더 : 조직에서 공식적으로 책임과 권한이 부여된 리더이다.
- 비공식적 리더 : 공식적으로 책임과 권한이 부여되지 않으나, 집단 또는 조직 내에서 실질적인 영향력을 행사하는 리더이다.
- 공식적 리더와 비공식적 리더가 대립하는 경우 조직 내 갈등과 분열이 일어나기 쉬우나, 공식적 리더와 비공식적 리더가 화합하는 경우에는 비공식적 리더가 공식적 리더의 업무 수행을 적극적으로 돕는 역할을 하여 공식적 리더십이 훨씬 강화되는 경향이 있다.

개별적인 고충에서 비롯된 것이라면 상담을 통해 적극적으로 도와주려는 개방적인 태도가 필요하다. 구성원들의 의견을 경청하고 업무에 만족할 수 있도록 적절한 지원을 아끼지 않는 자세도 중요하다.

4. 서비스 불만 관리

1) 고객 불만의 원인

고객 불만은 크게 제품이나 기업의 제도와 관련된 문제, 고객 자신과 관련된 문제, 서비스 직원이나 절차와 관련된 문제로 나눌 수 있다. 고객 자신과 관련된 불만은 어쩔 수 없다고 하더라도 고객 접점에서의 다양한 서비스 문제는 기업 차원에서 꾸준히 관리하여 고객 이탈을 방지해야 한다. 실제로 미국 품질관리학회의 조사에 따르면, 고객 이탈 원인은 고객 응대 과정에서 발생하는 서비스 직원의 불친절한 응대, 규정만 내세우는 안내, 업무 처리 미숙, 책임 회피와 같은 부적절한 응대가 가장 높은 것으로 나타났다.

2) 고객 불만의 중요성

모든 고객에게 100% 만족을 보장하는 제품과 서비스를 제공하기는 실제로 매우 어렵다. 결국 제품과 서비스를 생산하고 제공하는 과정에서 고객 불만이 필연적으로

REFERENCE

컴플레인(Complaint)과 클레임(Claim)의 차이

컴플레인은 제품이나 서비스를 사용하는 과정에서 상대방의 잘못된 행위에 대한 불만 사항을 알리는 것이다. 대부분의 경우 불만이 접수되었을 때 내부에서 자체적이고 즉각적인 해결이 가능하다.

반면, 클레임은 상대방의 잘못된 행위를 시정할 것을 요구하며, 그러한 잘못으로 발생한 결과를 물질적, 정신적, 법적 보상을 통해 해결하려는 것이다. 클레임에는 당연한 것에 대한 권리, 유산 등을 요구하거나 청구한다는 의미가 포함된다. 컴플레인이 제대로 해결되지 않을 경우 클레임으로 확대될 수 있다.

나타난다고 할 때, 실제로는 불만이 있지만 서비스 제공자인 기업에 직접적으로 표현하지 않는 고객이 매우 많음을 알 수 있다. 이러한 고객들의 잠재된 불만을 기업에서 제대로 처리하지 못하는 경우, 수많은 잠재 고객을 잃게 된다. 또한 제품이나 서비스에 불만이 있는 고객이 의견을 전달하는 과정에서 나쁜 입소문이 실제보다 더 과장되고 부풀려지기도 하므로 이를 방치하게 되면 고객 유실로 이어질 수 있다. 따라서 고객 불만은 잘 관리해야 한다. 고객 불만은 해결 과정을 통해 기업이 제공하는 제품이나 서비스의 문제점과 취약점을 발견하고, 불만을 신속하게 처리하여 고객과 좋은 관계를 유지하는 계기가 될 수도 있으며, 불만을 사전에 관리하여 법적 소송까지 연결되지 않도록 한다는 점에서 중요하다.

3) 고객 불만 응대 원칙

1 피뢰침의 원칙

고객 불만을 개인 감정에 의한 것이 아니라, 고객 불만을 처리하는 과정의 복잡한 규정과 절차, 제도에 항의하는 것이라고 받아들인다. 건물이나 자동차에 달린 피뢰침은 번개를 직접 맞지만 주변의 건물이나 자동차를 손상시키지 않고 땅으로 번개를 흘려 보내는 것처럼, 서비스 제공자에게 개인적인 불쾌감을 표현하는 것이 아니라 서비스 회사나 제도에 항의하는 것이라는 관점에서 고객의 불만에 경청하는 것이 중요하다.

2 책임 공감의 원칙

고객에게는 자신이 표현한 불만을 처리할 담당자가 누구인지가 중요한 것이 아니라, 이 불만을 어떻게 잘 처리해 줄 것인지가 중요하다. 따라서 자신이 해당 서비스를 제공하지 않았더라도 조직의 구성원으로서 고객의 불만족에 책임을 지려는 마음 자세가 중요하다.

3 감정 통제의 원칙

개인차가 있겠지만, 인간 관계에서 오는 부담감, 특히 무례한 고객의 불만 토로를 통해 업무 스트레스가 발생할 수 있다. 하지만 고객 대면 서비스 접점에서 근무하는 직원은 이러한 관계에서 오는 부담감을 극복하고 고객의 불만 사항을 객관적으로 바라보며 자신의 감정을 통제하려는 노력을 기울여야 한다.

4 언어 절제의 원칙

고객이 불만을 느끼게 된 경위에 대해 충분히 얘기할 수 있도록 고객의 말을 많이 들어주는 것만으로도 고객은 불만이 상당히 많이 해소된다고 느낄 수 있다. 따라서 경청의 자세로 왜 고객 불만이 발생했는지를 고객의 입을 통해 잘 듣고 정확하게 파악하려는 자세가 중요하다.

5 역지사지의 원칙

자신이 속한 조직의 입장과 고객의 입장은 다르므로 고객을 이해하기 위해서는 고객의 입장에서 문제를 바라보는 것이 중요하다. 고객은 기업의 절차나 규정을 알지 못하고, 어떻게 업무가 진행되는지도 모르는 상태에서 제품이나 서비스를 이용하면서 느낀 불만에 대해 이야기하는 것이므로 관심을 갖고 불만에 응대해야 한다.

REFERENCE

불만 고객 처리 프로세스 원칙

- **공정성 유지**

불만 처리는 공정하게 해야 하며, 공정한 처리를 위해 독립적인 조사기관이 필요하다.

- **효과적인 대응**

가급적 보상 범위나 방침은 관대하게 운영하는 것이 좋으며, 작은 보상이라도 고객에게는 긍정적인 큰 효과가 될 수 있다.

- **고객 프라이버시 보장**

불만을 제시한 고객의 행동을 기밀로 하고 일체의 개인정보 보장을 주의하여 관리한다.

- **체계적 관리**

불편 사항에 대한 조치와 결과를 고객에게 최종 피드백하고, 불평 내용을 조직 내의 구성원들과 공식적으로 공유하여 유사한 형태의 고객 불만을 방지하기 위해 노력한다.

학습 정리

학습 목표

고객 만족을 위한 효과적인 서비스 실무 방법의 원칙을 이해하고 올바로 적용하여 고객 만족 서비스를 실현할 수 있다.

1. 서비스 이미지메이킹

이미지메이킹은 개인에 대한 외적 및 내적인 정확한 분석과 진단을 통해 직업과 개성에 맞는 바람직한 이미지를 창출하여 본인의 경쟁력을 향상시키고, 상황에 맞는 올바른 대인 관계 능력을 키우며, 역할에 맞는 적절한 자기 표현 기법을 체득하여 긍정적인 방향으로 스스로를 변화시키는 과정을 말한다.

■ 외적 이미지메이킹

자신의 체형이나 외모를 객관적으로 판단하여 신체적 결함은 보완하고 매력적인 강점은 부각시킬 수 있도록 한다.

■ 내적 이미지메이킹

겉으로 쉽게 보이지 않는 성격, 태도, 가치관 등에 대해 스스로 생각해 보고 왜곡되지 않는 진정한 자신만의 이미지를 찾는 것이 우선이다. 자기 성격이나 기질의 장점은 극대화하고, 단점은 보완하려는 노력이 필요하다.

■ 이미지메이킹 향상법

- 나 자신에 대해 정확하게 알기
- 역할 모델 선정하고 구체적인 목표 설정하기
- 자기 계발하기
- 매너 갖추기
- 스스로를 존중하고 아끼기(외적 및 내적 이미지메이킹의 조화와 균형)

2. 서비스 커뮤니케이션의 4C

상호 간의 의사소통을 통해 전달하고자 하는 내용과 의미를 명확하게 이해시킬 뿐만 아니라 그러한 과정에서 상대를 배려하는 친절함과 정중함을 동시에 전달하는 것을 말한다.

구분	내용
배려(Consideration)	상대방의 눈높이에 맞는 대화문을 구사한다
간결(Conciseness)	전달하려는 내용과 의도를 논리적으로 표현한다.
명확(Clarity)	전달 내용을 적절한 억양과 속도로 표현하고 전문 용어의 사용을 자제한다.
정중(Courtesy)	상대방의 입장을 고려하여 정중한 화법을 사용하며 비속어는 사용하지 않는다.

3. 서비스 리더십의 3가지 핵심 요소

구분	내용
신념(Concept)	철학, 비전, 혁신 : 고객 서비스를 위한 통일된 개념과 방향
태도(Mind)	열정, 애정, 신뢰 : 고객에게 만족을 주고 싶은 마음 상태와 자세
능력(Skill)	창조 능력, 운영 능력, 관계 능력 : 고객의 요구와 니즈를 파악하고 충족시키는 능력

4. 서비스 불만 관리 원칙

구분	내용
피뢰침의 원칙	고객의 불만은 개인적인 감정 표현이라기보다는 불만을 처리하는 과정에서 경험한 복잡한 규정과 제도에 대한 항의라고 생각하려는 자세가 중요하다.
책임 공감의 원칙	자신이 속한 조직 구성원으로서 고객의 불만족에 적극적으로 책임지려는 마음가짐이 필요하다.
감정 통제의 원칙	고객이 불만에 대해 다양한 부정적 감정을 표출하는 것에 대한 부담감을 극복하고 자신의 감정을 통제할 수 있어야 한다.
언어 절제의 원칙	고객의 불편, 불만 사항을 최대한 많이 들어주고 공감하는 것만으로도 고객은 존중받는다고 느낄 수 있다.
역지사지의 원칙	고객의 입장에서 문제를 바라보는 것이 고객을 올바로 이해하는 첫걸음이다.

심화 학습

학습 목표

다양한 고객 불만 유형을 정확하게 이해하고, 그에 따른 올바른 응대법과 서비스 리더십을 설명할 수 있다.

1. 고객 불만의 유형

■ 수동적 불평자

제품이나 서비스에 대해 본인이 느끼는 불편이나 불만감을 표현하지 않으며, 타인에게 부정적으로 전달하지도 않는다.

■ 표현 불평자

서비스 제공자에게 적극적으로 불평하는 고객의 유형으로, 적극적인 불평과 불만을 기업에 전달한 결과가 적절하게 회복되면 최고의 고객으로 전환될 가능성이 높다.

■ 격노자

주변 타인에게 부정적인 구전을 하고, 실제로 고객 이탈로 연결될 가능성이 높은 고객으로 기업에게 서비스를 회복할 수 있는 두 번째 기회를 주지 않는다.

■ 적극적 행동자

제품이나 서비스와 관련된 모든 것들에 대해서 평균 이상의 불평을 하는 고객으로, 격노자보다 더 높은 소외의식을 가지고 있어 극단적인 성향을 보이는 경우도 있다.

2. 고객 불만 처리의 기본 원칙

구분	내용
우선 사과의 원칙	고객의 불만사항에 대해 경청한 뒤 정중한 사과부터 하도록 한다.
우선 파악의 원칙	고객의 불만이 발생하게 된 원인에 대해서 정확하게 파악하도록 한다.
신속 해결의 원칙	고객의 불만에 대해 가능한 빠른 시간 내에 적절하게 해결하도록 노력한다.
비논쟁의 원칙	고객과 논쟁을 하는 경우 불만이 가중될 수 있으므로 유의한다.

3. 감성 리더십(Daniel Golman)

■ **감성 지능(Emotional Quotient)**

스스로에 대한 가능성과 한계를 객관적으로 판단하여 자신의 감정을 잘 다스리며, 상대방의 입장에서 그 사람을 진정으로 이해하려는 자세를 통해 타인과 편안한 대인관계를 맺을 수 있는 마음의 지능지수를 말한다. 감성 지능을 가진 리더는 '자신과 다른 사람들의 감정의 주파수를 잘 맞출 수 있는 사람'이다.

■ **감성 지능의 5대 요소**

- 자기 인식력 : 스스로에 대한 객관적인 파악을 통해 자신의 감정, 기분, 취향 등이 타인에게 미치는 영향을 인식하고 이해하는 능력
- 자기 조절력 : 부정적인 기분이나 행동을 통제하고 긍정적인 방향으로 전환할 수 있는 능력
- 동기부여 능력 : 돈과 명예 등의 눈에 보이는 외적인 보상이 아닌 스스로 몰입하는 즐거움을 통해 업무를 수행하는 능력
- 감정이입 능력 : 다른 사람의 감정을 이해하고 헤아리는 능력
- 사교성(대인관계) : 인간관계를 형성하고 관리하여 타인의 감정 변화에 적절하게 대처할 수 있는 능력

4. 참여 리더십(Robert K. Greenleaf)

조직원들을 조직의 과정 속에 보다 적극적으로 참여시켜 다양한 의견을 의사결정에 최대한 반영시키려는 형태의 리더십을 말한다. 이를 통해 구성원들은 일에 대한 적극적인 동기를 갖고 스스로의 업무에 책임감을 가지고 몰입하기가 쉬워진다. 그러나 자칫 책임이 분산되어 명확하지 않은 의사결정을 할 수 있으므로 리더는 최종 의사결정과 책임에 대한 권한을 가지고, 구성원들이 적극적인 참여를 통해 조직 활동에 만족을 느끼도록 세심하게 배려해야 한다.

5. 서번트(Servant) 리더십

조직 내에서 리더와 조직원 간의 관계 관리(Relation Management)를 중시하여, 구성원인 부하를 가장 중요한 존재로 보고 리더가 부하에게 다양한 경험과 전문지식을 제공하면서 섬기는 리더십을 말한다.

CHAPTER 08

고객 만족 서비스 사례연구

고객 서비스의 대표 산업 중 하나인 항공 운송 산업에서 서비스 품질에 대한 관심과 품질 향상에 대한 노력은 끊임없이 논의되고 있는 화제이다. 이에 따라 항공사 수익과 연관성이 깊은 항공 서비스 품질에 따른 고객 만족도를 측정하고자 하는 연구가 끊임없이 이루어지고 있다. 이번 장에서는 항공 여행을 하는 고객에 의해 평가되는 항공 객실 서비스 품질에 대해 다양한 고객의 의견과 사례를 바탕으로 학습해 보고자 한다.

항공업계 간 치열한 경쟁 환경 속에서 각 항공사들은 지속적인 비즈니스를 영위하기 위해 직간접적으로 경영 성과에 영향을 미치는 고객 만족도를 향상시키기 위한 다양한 운영 전략을 모색하고 있다. 항공 객실 서비스 품질은 기내에서 객실 승무원이 서비스를 제공하는 동안 고객이 느끼는 만족도와 목적지에 도착하기까지 전반적인 여행 프로세스에 대해 고객이 느끼는 만족도를 의미한다. 그러므로 서비스 실패에 대한 효과적인 회복 노력은 항공사의 품질 평가와 수익과도 직결되므로 이에 따른 효율적인 대응 방안을 통해 회복하려는 노력이 필요하다.

© Getty Images Bank

이번 장 학습을 통해 고객이 감동받은 서비스의 핵심은 무엇이며, 각 사례별 고객이 느끼는 구체적인 불만 원인을 살펴봄으로써 서비스 회복과 실패에 대한 업무 절차와 객실 승무원의 적절한 문제 해결 방안을 찾아보도록 한다.

1. 항공 객실 서비스 사례연구 : 고객 칭찬

사례연구 **기체 결함에 따른 항공기 출발 지연 및 IRRE Handling**

항공기 기체 결함으로 2시간 정도 딜레이되었습니다. 게이트로 다시 돌아와서, 정비하고 재출발하는 동안 온도 조절 시스템 고장으로 상당한 시간을 기내에서 대기해야 했습니다. 그 와중에 환자가 발생해서 어떤 여성분이 하기하여 구급차를 타고 병원으로 가셨고요. 기체 결함 처리하랴, 환자 처리하랴 정신이 없으셨을 겁니다.

이런 녹록지 못한 상황에서도, 탑승객들의 불안과 불만 사항을 일일이 체크해 주시고 돌아다니며 상황을 설명해 주시는 사무장님의 모습을 보며 프로 정신을 느꼈습니다. 그 두꺼운 옷을 벗지도 않고 땀도 많이 흘리시던데, 보는 제가 다 안쓰럽더군요. OOO 사무장님 외 승무원분들 고생하셨습니다. 감사드립니다.

1. 객실 사무장 또는 승무원이 칭송받은 이유는 무엇인가요?

2. 자신이 승무원이라면 해당 승객에게 어떤 서비스를 추가해야 더 좋은 서비스가 될까요?

3. 고객 감동을 위한 자신만의 기내 서비스 대화문을 만들어 보세요.

   기체 결함으로 항공기 출발 지연 시, 개별 승객 안내

사례연구 **탑승 중 승객 기내 휴대 수하물 Handling SVC**

제 건너편 자리에 어떤 아저씨 한 분이 탑승하고 계셨는데, 유난히 짐이 많으셨습니다. 이에 제가 사용할 선반에까지 짐을 넣고 계셨는데, 제가 이동하던 찰나에 그 분 짐이 제 머리 위로 떨어질 뻔했습니다. 불행인지 다행인지 모르겠으나, 저희 구역을 담당하던 한 승무원께서 본인의 몸으로 짐을 막으시면서 제게 죄송하다고 하시더군요. 지금 생각해 보면 본인 잘못도 아닌데 말이죠. 제가 오히려 죄송하다고 말씀드렸는데, 밝게 웃으시며 하신 말씀이 정말 인상 깊었습니다. "손님이 아닌 저한테 떨어져서 다행입니다. 많이 놀라셨을 텐데 죄송합니다."

항공사 객실 승무원은 객실 내 안전을 담당하는 안전 요원이라는 방송을 비행기에 탑승하면 매번 듣습니다. 하지만, 그 말의 뜻을 그 승무원을 통해 새삼 느낄 수 있었고 같은 직장인으로서 그 분의 프로 정신에 큰 감동을 받았습니다. 이런 프로 정신이 투철한 객실 승무원들이 계시기에 OO항공이 세계 일류 항공사로 자리 매김할 수 있는 게 아닌가 하는 생각이 듭니다. 꼭 칭찬해 주시길 바랍니다! 감사합니다.

---

1. 객실 사무장 또는 승무원이 칭송받은 이유는 무엇인가요?

2. 자신이 승무원이라면 해당 승객에게 어떤 서비스를 추가해야 더 좋은 서비스가 될까요?

3. 고객 감동을 위한 자신만의 기내 서비스 대화문을 만들어 보세요.

탑승 중 선반에 기내 휴대 수하물 보관 시, 승객 안내

사례연구 **특수 고객 지원 서비스(유/소아 동반 승객 Care)**

4살, 5개월 된 아가 둘과 함께 첫 해외여행으로 괌을 다녀왔습니다. 괌에 갈 때도, 괌에서 올 때도 OO항공 승무원들은 참 친절하셨습니다. 괌에서 올 때는 비행기가 늦은 시간에 출발해 아이들도, 저도 너무 힘이 들었습니다. 아이들이 잠투정하느라 울어서 비행기 탑승도 일찍 하지 못했고요. 늦게 탑승해서 정신도 없고 눈치가 보였는데 승무원님이 오셔서 정말 친절하게 인사해 주시고 짐 보관도 차근차근히 다 도와주시고 아기 바구니며 티슈, 장난감, 쓰레기 담을 봉투 등등 갖다 주시고 여러 가지 안내도 잘 해 주셨어요. 미리 신청한 아가들 식사도 잘 확인해 주시고 바쁜 와중에 어른뿐 아니라 아가들한테도 예쁘고 상냥하게 대해 주셔서 정말 감사했어요.

또 식사 시간에는 아가들이 자느라 식사를 못 할 것 같아서 키즈밀은 받지 않고 대신 제 식사를 받아 놓고 아이가 일어나면 과일이라도 먹이려고 안 먹고 있었는데, 그걸 어찌 아셨는지 아까 그 승무원님이 오시더니 아이에게 먹일 빵과 과자, 음료수를 챙겨 주셨어요. 안 그래도 아이 간식을 안 가져와서 걱정했는데, 제 마음을 읽고 먼저 챙겨 주셔서 너무 고마웠습니다.

애들 재우고 잠깐이라도 자려는데 못 자고 있으니까 담요랑 베개도 더 챙겨 주시고, 와인 부탁했더니 귀찮고 바쁜 와중에도 갖다 주시고 … 덕분에 잠깐이지만 푹 쉴 수 있었습니다. 이코노미에 탔지만 일등석에 탄 느낌이었습니다. 또 근처 아가들도 많이 울고, 한 아이는 구토까지 했는데도 세심하게 닦아 주고 도와주며 아이를 걱정하는 모습이 참 인상 깊었어요. 우는 아가들도 많고, 바쁘고, 밤이라 더 힘드셨을 텐데 항상 친절한 모습을 보이신 승무원님께 감사한 마음을 전하고 싶습니다.

---

1. **객실 사무장 또는 승무원이 칭송받은 이유는 무엇인가요?**

---

2. **자신이 승무원이라면 해당 승객에게 어떤 서비스를 추가해야 더 좋은 서비스가 될까요?**

---

3. **고객 감동을 위한 자신만의 기내 서비스 대화문을 만들어 보세요.**

유/소아 동반 승객 탑승 시, 승무원의 소개 및 승객 안내

사례연구 **특수 지원 요청 고객 Handling(노약자 승객 Care SVC)**

업무 출장 후 운 좋게 비즈니스로 업그레이드를 하고 LA에서 한국까지 여행했습니다. 출장 후 시간이 많이 지났지만 OOO 승무원만큼은 꼭 칭찬해 주고 싶어서 아직도 이름을 안 잊고 있네요. 제 옆 좌석에 연세 드신 노부부가 앉아 계셨는데, 그 분들을 대하는 승무원님의 모습이 너무 기억에 남습니다. 자연스럽게 저희 부모님이 여행할 때도 저 분과 같은 승무원이 객실 서비스를 하면 얼마나 좋을까 하는 생각이 절로 들었습니다. 식사 메뉴를 정하는 것부터 기내 서비스할 때도 조심스럽게 하고 사소한 부분까지 하나하나 체크하면서 메뉴를 골라 주시는 모습이 보기 좋았고, 입맛에 맞는지 혹시 더 필요한 게 있으신지 항상 웃는 모습으로 대한 모습이 기억에 많이 남습니다. 또 출입국 카드 작성은 물론, 거동이 약간 불편하셔서 화장실 다녀올 때마다 옆에서 안전하게 잡아 주시고 기다려 주시고 다시 자리까지 안내해 준 것도 꼭 칭송받고 다른 승무원께도 전파되어 더 좋은 항공사가 되면 좋겠습니다.

기내식을 제공할 때 다른 승무원이 샐러드 드레싱 뚜껑을 따다가 드레싱이 저한테 한 방울 튀었는데, 그걸 보고 신경을 많이 써 주셨어요. 세심하게 신경을 안 쓰면 사실 그냥 지나갈 일이었고 저도 그리 기분 나쁠 일은 아니었지만, 그런 모습이 너무 감사했습니다. 탈 때마다 느끼지만 서비스만큼은 OO항공이 최고인 것 같아요! 꼭 OO항공만 탑니다. 모두 수고하세요.

---

1. 객실 사무장 또는 승무원이 칭송받은 이유는 무엇인가요?

2. 자신이 승무원이라면 해당 승객에게 어떤 서비스를 추가해야 더 좋은 서비스가 될까요?

3. 고객 감동을 위한 자신만의 기내 서비스 대화문을 만들어 보세요.

식음료 서비스에서 승무원 과실로 승객 좌석/의복 오염 시, 승객 응대

사례연구 **비행 중 개별 승객 Care SVC**

워싱턴에서 한국으로 귀국하는 길에 비즈니스석에 탑승했는데, 옆 좌석에 앉은 승객이 장시간 독서등을 사용해 매우 불편했습니다. 독서등 불빛으로 휴식을 제대로 취하지 못해 힘들어하고 있었는데 승무원이 제 불편을 먼저 알아차리고 다가와서 좌석 변경 등 도움을 주었으며, 인천에 도착할 때까지 지속적으로 상냥하고 친절한 모습을 보이며 세심하게 여러 가지를 신경 써 준 것에 감명받았습니다. 덕분에 남은 장시간 동안 편안하게 올 수 있었습니다. 꼭 감사 인사를 전하고 싶습니다.

---

1. 객실 사무장 또는 승무원이 칭송받은 이유는 무엇인가요?

2. 자신이 승무원이라면 해당 승객에게 어떤 서비스를 추가해야 더 좋은 서비스가 될까요?

3. 고객 감동을 위한 자신만의 기내 서비스 대화문을 만들어 보세요.

옆 좌석 승객의 독서등 사용으로 취침하지 못하는 승객 응대

사례연구 **승무원의 서비스 이미지메이킹(태도, 표정, 말투 등)**

OO항공은 탈 때마다 참 친절해서 좋습니다. 고객들과 소통하고 웃음을 잃지 않는 모습이 더욱 더 빛을 발하는 것 같습니다. 비행 내내 웃는 얼굴로 서비스해 주셔서 서비스를 받는 저까지 기분이 좋았습니다. 식사를 줄 때도 친절히 설명해 주고 … 말을 예쁘게 하여 칭찬합니다.

OO항공의 기내 서비스는 늘 좋습니다만, 특히 긴 비행시간 내내 사람을 기분 좋게 해 주는 승무원분들의 미소와 친절한 말투가 있어 더욱 좋습니다. 밝고 환한 모습으로 친절하게 서비스해 주셔서 14시간 가까운 긴 비행시간이 지루하지 않고 편안하게 느껴졌습니다. 탑승할 때부터 밝은 표정으로 인사하는 모습이 기억에 남습니다.

제일 마지막에 탑승했고, 그래서인지 사람들이 다 쳐다보는 것 같아 조금 민망하고 미안했습니다. 제가 자리를 찾으러 허둥지둥하는 모습을 보여 그랬는지 모르겠지만, 승무원이 차분히 자연스럽게 잘 안내해 줘서 정말 고마웠습니다.

어렵게 시간을 맞추고 아이들과 함께 가게 된 여행이어서 정말 값지고 소중했습니다. 기쁜 마음으로 탔는데 승무원분들이 상냥하게 인사해 주어 기분이 정말 좋았고, 웃는 모습이 예뻐서 계속 쳐다봤는데 한 번도 미소를 잃지 않고 성실히 일하는 모습이 보기 좋았습니다.

---

1. 객실 사무장 또는 승무원이 칭송받은 이유는 무엇인가요?

2. 자신이 승무원이라면 해당 승객에게 어떤 서비스를 추가해야 더 좋은 서비스가 될까요?

3. 고객 감동을 위한 자신만의 기내 서비스 대화문을 만들어 보세요.

승객 탑승 시, 담당 구역 승객의 탑승권 확인/좌석 안내

사례연구 **기상 악화로 인한 IRRE Handling Care SVC(유관 부서와의 협업과 팀워크)**

사상 초유의 눈 폭풍을 겪은 미국 동부 날씨 때문에 제가 탑승하려던 비행기는 일정 취소 후 하루 뒤에 출발했습니다. 가족이 함께 여행하는데다가 아이들도 함께해서 이미 지친 상태로 탑승했지만, OO항공을 115여 번 탑승하는 동안 가장 친절하고 도움이 되는 사무장님과 승무원을 만난 것 같아 글을 남깁니다.

음료 서비스 등 모든 서비스를 친절한 자세를 가지고 담당해 주었고, 필요한 것이 있으면 미소 띤 얼굴로 기내에서 찾아서라도 구해 주었습니다. 무엇보다 갑작스레 뉴욕 공항 상공을 돌다가 회항해서 시카고로 가게 되자, 모든 승무원이 거듭해서 죄송해하며 불편하지 않도록 편의를 봐주었습니다. 안내 방송도 자주 해 주었고, 승객만큼이나 앞으로의 상황을 모르는 와중에도 당황하지 않고 좋은 팀워크를 보여 주었습니다.

승객들도 앞을 예측하기 어려워 적잖이 당황한 상황이었으나, 승무원 한분 한분이 너무나도 친절하고 편안하게 대해 주어 나름 편안한 마음으로 시카고에 내렸습니다. 모두들 겪어 보지 못한 상황이라 일 처리가 미흡한 부분도 있었으나, 시카고 OO항공 직원들도 최선을 다해 많은 인원을 호텔로 안내하고, 짐 나르는 것도 도와주어 고마운 마음을 전합니다. (그 추운 날씨에 자켓도 꺼내 입을 겨를이 없어 얇은 옷차림으로 이리 뛰고 저리 뛰신 직원분도 있으셨어요.)

무엇보다 몸과 마음이 힘들 승객들을 공감해 주신 직원분들께 매우 감사했으며, 시카고에서 지친 하룻밤을 보내고 다시 뉴욕으로 향하기 위해 같은 비행기를 탑승했을 때는 그 전날까지 함께했던 승무원분들을 보고 매우 반갑기까지 했습니다. OO항공 탑승을 자주 하는 우리 아이들도 보기 드물게 가장 친절하고 팀워크가 좋은 승무원들을 만났다고 이야기했습니다. 당시 승무원분들께 고맙다는 말씀을 꼭 전하고 싶습니다.

---

1. **객실 사무장 또는 승무원이 칭송받은 이유는 무엇인가요?**

2. **자신이 승무원이라면 해당 승객에게 어떤 서비스를 추가해야 더 좋은 서비스가 될까요?**

3. **고객 감동을 위한 자신만의 기내 서비스 대화문을 만들어 보세요.**

항공기 운항 취소/회항 등 이례 상황 발생 시, 승객 응대

사례연구 **고객 감동 기내 SVC**

안녕하세요. OO항공과 많은 여정을 함께했습니다. 여행이든 출장이든 귀국길은 항상 힘들기 마련이죠. 이번에도 출장에서 피로가 누적되어 많이 지쳐 있었습니다. 그러나 이번 귀국길은 굉장히 편안한 비행이 되었습니다. 제가 남들과 다른 특별 대우를 받은 것도 아니고, 그렇다고 요구사항이 많은 것도 아니었어요. 그러나 '진심에서 우러나오는 친절로 기내 서비스를 받고 있구나' 하고 느낀 적은 이번이 처음이었습니다. 과하고 부자연스러운 친절은 부담되고, 그렇다고 너무 사무적으로 대우받아도 편치 않은 건 마찬가지일 거예요. 이렇게 보니 서비스는 참으로 힘든 일인 것 같습니다. 아무튼 진심으로 챙겨 주신 해당 비행편의 승무원님을 격려해 주시길 부탁드립니다. 업무에 있어서 열정적이고 프로페셔널하게 임하는 모습을 보고 많은 생각이 들더라고요. 사회생활에 찌들어 있는 제게 귀감이 되었습니다.

Dear OO Air, I would like to mark the outstanding service which me and my family were given by your flight attendant OOO on our flight from Seoul to Tel Aviv. The service that we have been given by her was way above our expectations – she was extremely patient and kind all along the 11 hours flight. Her service was very professional, she knew how to deal with all passenger's demands and requests with patience, address their requests efficiently and give the right answer and treatment. I wish all flight attendants would be like her. She made our flight experience remarkable and unforgettable. I am happy that I chose to fly with OO Air and I will be happy to fly with you again in the future.

---

1. 객실 사무장 또는 승무원이 칭송받은 이유는 무엇인가요?

2. 자신이 승무원이라면 해당 승객에게 어떤 서비스를 추가해야 더 좋은 서비스가 될까요?

3. 고객 감동을 위한 자신만의 기내 서비스 대화문을 만들어 보세요.

   개인 일정으로 항공 여행에 피로감을 보이는 승객 응대

사례연구 **특수 지원 요청 SVC(임산부 승객 Care SVC) Handling**

안녕하세요. AB1105편으로 김포-김해 출장 길에 오른 승객입니다. 출장 길이라 조금이라도 빨리 내리려고 앞쪽 좌석을 미리 배정받고 기내에 탑승했습니다. 임신 중이라 입덧이 심했는데, 양 옆에 건장한 남성 두 분이 앉아 계시니 속이 더욱 좋지 않았습니다. 그래서 승무원님께 혹시 옆자리가 비었거나 복도나 창가로 자리를 바꿔 주실 수 있는지 여쭤 보았습니다. 이른 아침이었는데도 거의 만석이라 빈 좌석이 거의 보이지 않더라고요. 일단 이코노미 맨 앞 좌석으로라도 옮겨 앉아 있으라고 하셔서 맨 앞 좌석에 앉았습니다.

잠시 뒤 승무원분께서 오시더니 복도 쪽 좌석이 하나 있으니 옮기라고 다시 안내해 주시더군요. 불편했던 속이 한결 편해졌습니다. 입덧이 시작되면 사람에게 나는 냄새도 참을 수 없이 괴로워서 혹시 다른 승객분들께 해가 될까 싶어 조심스럽게 부탁드렸는데, 좌석이 여유롭지 않았음에도 자리 이동에 도움을 주시고 불편한 게 또 있는지 살펴봐 주신 ㅇㅇㅇ 승무원님께 감사의 인사를 드리고 싶습니다. 감사합니다. 덕분에 출장 잘 다녀올 수 있었습니다! ^_^

1. 객실 사무장 또는 승무원이 칭송받은 이유는 무엇인가요?

2. 자신이 승무원이라면 해당 승객에게 어떤 서비스를 추가해야 더 좋은 서비스가 될까요?

3. 고객 감동을 위한 자신만의 기내 서비스 대화문을 만들어 보세요.

빈 좌석으로 좌석 변경을 요청한 승객 응대(탑승 중/탑승 완료 시점으로 구분하여 작성)

사례연구 **비상구 좌석 및 기내 쾌적성 유지**

안녕하세요? 저는 서비스업에서 일하고 있습니다. 오랜 근무에 지쳐 마음이 잘 맞는 친구와 함께 짧은 여행을 계획하여 후쿠오카를 다녀오게 되었습니다. 사람에게 지쳐 바람을 쐴 겸 계획한 여행에서 사람을 통해 치유를 받은 것 같아 같은 업종에 있는 입장에서 꼭 칭찬해 드리고 싶어서 이렇게 글을 적습니다.

친구와 저는 짧은 강행군 일정을 소화하고 돌아오던 터라 예민해져 있었습니다. 우리는 비상구 좌석에 앉고 싶어서 일찌감치 공항에 도착해 비상구 좌석을 받았습니다. 하지만 공항에 3시간이나 일찍 가서 대기했던 터라 피곤이 가중되어 있었습니다. 입구에서 인사하는 승무원들과도 눈을 마주치는 게 싫을 정도로 컨디션이 좋지 않아 무거운 몸을 끌고 자리에 앉았습니다.

그런데 000 승무원이 비상구 안전규정을 설명해 주며 특유의 밝은 기운으로 승객의 기분까지 헤아려 주는 듯했습니다. 비상구 좌석에 착석한 승객에게 간단히 설명할 법도 한데 비상시 문을 어떻게 사용해야 하는지, 비상시 참고할 책자까지 일일이 설명해 주는 배려에 감동을 받았습니다. 짧은 비행이다 보니 많은 승무원들이 바빠 보였는데 친구와 제가 요청한 사항들(베개, 따뜻한 물 등)도 바로 준비해 주는 자상함에도 고마웠습니다.

제가 가장 크게 감사한 부분은 따로 있습니다. 탑승할 때부터 시끄럽게 모여 있던 한 무리의 아저씨들이 저희 뒷자리에 앉아 시끄럽게 소란을 피웠습니다. 아저씨들은 늦은 시간에 비행기에서 내리면 집까지 어떻게 가야 하냐며 버스는 뭘 타야 하는지, 어디로 가서 타는지, 버스가 왜 이리 일찍 끊기냐는 등 지나가는 승무원들을 붙잡고 질문을 했습니다. 늦은 비행시간이라 음주를 하셨는지 목소리도 격양되어 너무 시끄러웠습니다.

그런데 아까 그 승무원이 저희 기분을 눈치챈 듯 벨트사인이 꺼지자 살며시 다가와 안대와 귀마개를 건넸습니다. 그러고는 밤 비행이라 한 시간이라도 편히 쉬시라고 준비했다며 저희에게 건네는 말에 감동했습니다. 승무원은 필요한 음료가 있으면 준비해 주겠다고 했지만, 저희가 오히려 미안해 거절했습니다. 그리고 내릴 때 문이 열리기까지 시간이 좀 걸렸는데, 저희에게 좀 주무셨는지, 비행은 어떠셨는지 등의 따뜻한 인사도 잊지 않았습니다. 그리고 그 소란스러운 아저씨들에게도 다시 한번 가능한 버스들이 뭐가 있는지, 어디서 타는지 등 자세하고 친절하게 설명해 주는 모습을 보고 대단하다고 느꼈습니다.

저도 서비스업을 오랫동안 하면서 많은 경험을 했지만, 짧은 비행시간에 정신 없었을 텐데 마주앉아 있던 저희를 위해 먼저 필요한 부분부터 불편한 부분까지 세심하게 체크해서 처리해 주는 승무원이 듬직해 보이긴 처음이었습니다. 저희가 더 감동한 부분은 그 승무원이 비즈니스석 담당자더라고요. 그런데도 마주앉아 처음 인사를 나눈 우리를 위해 계속해서 필요한 게 없는지 체크해 준 것이었습니다. 제가 몸이 큰 편이라 비상구 좌석을 자주 요청하는데 마주앉은 많은 승무원 중에 먼저 인사를 건네주며 자상하게 대해 준 승무원, 불만 사항을 먼저 체크하고 처리해 준 사려 깊은 승무원은 처음이었습니다. 항상 먼저 요청해야 응해 주었으니까요.

지난 세부 여행 때보다 더 짧았지만 승객으로서 더 존중받은 기분이 듭니다. 저 개인에게도 도전과 자극을 준 승무원에게 다시 한번 감사하다고 전해 주세요. 감사합니다.

1. 객실 사무장 또는 승무원이 칭송받은 이유는 무엇인가요?

2. 자신이 승무원이라면 해당 승객에게 어떤 서비스를 추가해야 더 좋은 서비스가 될까요?

비상구 좌석 착석 규정

3. 고객 감동을 위한 자신만의 기내 서비스 대화문을 만들어 보세요.

비상구 좌석 착석 규정 안내(한국어/영어)

사례연구 **비행 중 승객 Care SVC**

첫 번째 식사 후 소화가 안돼서 화장실을 지나가고 있었는데, 지나가던 승무원이 몸이 아프시냐고 물어보는 거예요. 형식적 물음이라 생각해서 일단 괜찮다고 하고 자리로 와서 쉬고 있었죠. 어두운 기내에서 다들 자고 있었고 나도 그냥 쉬고 있었는데, 아까 본 그 승무원이 내 자리로 와서 괜찮냐고 다시 물어보고, 따뜻한 물이나 약이 필요한지 등등 내릴 때까지 진짜 맨투맨 서비스하듯이 신경을 써 주시더라고요. 정말 속이 편치 않아서 혼자 찾아다니면서 뭘 요구할 수 없을 정도로 답답한 때였어요. 그 심정 아시나요?

몇 백 명이 넘는 기내에서 일일이 손님의 얼굴을 기억하고, 어떻게 나를 찾았는지 가까이 와서 물어본다는 게 쉬운 일이 아닐 텐데 말이죠. 도착해서 내리기 전까지 걱정해 주고, 가족 챙기듯이 챙겨 주는 그 승무원이 나중에는 대단하게 느껴지더군요.

또한 그 승무원은 비행 내내 종횡무진 다니면서 나뿐만 아니라, 모든 구역과 기내에 떨어진 쓰레기를 줍는 일부터 시작해서 자기 방 청소하듯, 자기 가족 대하듯 모든 걸 다 챙기면서 일하더군요. 처음에는 신경 쓰고 보지 않았지만, 자꾸 그 승무원의 행동이 눈에 들어오더군요. 잠시 자다가 일어나서 손님 동태를 살피고, 챙겨 주고, 필요한 것을 계속 서비스해 주었습니다. 참 긴 비행에 피곤할 텐데 말이죠.

보통 비행에서는 솔직히 기내에 불이 꺼지면, 승무원 찾기가 진짜 힘들어요. 꼭 벨을 눌러야 하고 그것도 한참 뒤에 나오곤 하는데 이번 여행은 느낌이 달랐어요. 제가 자고 있을 때도 지나가면서 계속 관심을 가진 걸 알고요. 불편할까 봐 담요를 살짝 덮어 주고, 바닥에 떨어진 걸 집어서 제 자리에 올려 주는 것도 봤어요. 보이지 않게, 그리고 눈이 마주칠 때마다 건강 상태를 확인해 주고 … 진짜 가식적이지 않고 마음으로 서비스하는 분이구나 하는 생각이 들었습니다.

조그마한 사소한 것들이 손님 입장에서는 큰 것이고, 무엇보다도 필요한 부분입니다. 이번 여행에서 본 그 승무원의 마음이 00항공 승무원의 마음이겠구나 생각되면서 그간 00항공에 대한 불신이 다 사라졌네요. 세세한 마음으로 전하는 프로다운 면모의 000 승무원과 같은 듯 다른 서비스를 해 주신 이번 여행의 모든 승무원들에게 감사드립니다!!

안녕하세요? KE906편 000 승무원분께 감사 인사를 드리려고 메시지를 드립니다. 부모님께서 독일 여행 후 프랑크푸르트 출발 인천행 00항공 비행기에 탑승하셨습니다. 어머니가 컨디션이 많이 좋지 않으셨는데, 승무원분께서 비행 중 너무 친절하게 지속적으로 돌봐 주셔서 무탈하게 돌아오실 수 있었습니다. 쉴 수 있게 자리도 마련해 주고 여러 가지 배려를 해 주었다고 들었습니다. 어머니께서 너무너무 감사하다고 계속 말씀하시네요. 정말 감사드립니다. 자식으로서 오래 잊지 못할 것 같습니다. 부모님을 대신해서 승무원분께 감사의 인사를 전합니다.

1. 객실 사무장 또는 승무원이 칭송받은 이유는 무엇인가요?

2. 자신이 승무원이라면 해당 승객에게 어떤 서비스를 추가해야 더 좋은 서비스가 될까요?

3. 고객 감동을 위한 자신만의 기내 서비스 대화문을 만들어 보세요.

상비약을 요청한 승객 응대(소화제, 해열제 등)

사례연구 **특수 고객 지원 서비스(WHCR 승객 Care)**

토론토에 살고 있는 친한 동생네 놀러 갈 겸 일주일 정도 휴가를 다녀왔습니다. 항공권 예약 시 요일과 날짜마다 가격 차이가 나고 국적기라 OO캐나다보다 비쌌지만, 되도록 국적기를 타는 편이라 OO항공으로 발권했습니다. 가는 비행기는 좀 여유가 있었는데 토론토에서 돌아오는 비행기는 거의 만석이었습니다. 그래도 맨 뒤쪽 자리이고 제 뒤로는 좌석이 없어 나름 괜찮은 자리였습니다. 식사가 예전과 비슷했고 비행기는 예전보다 약간 더 넓어진 듯하고 슬리퍼도 주고 편하게 올 수 있는 환경인 듯해서 참 좋았습니다.

제가 이렇게 글을 쓰는 이유는 좌석 때문이 아니라 그날 제 구역 담당 승무원의 진심을 보고 감동을 받았기 때문입니다. 탑승 대기 장소에서부터 한 외국 남자분이 휠체어를 타고 계셨는데, 말도 많고 짐도 있고 누가 봐도 눈에 띄는 분이셨습니다. 탑승해 보니 제 앞쪽 자리였고 보호자 없이 혼자인 듯했습니다. 비행 중 실수를 하셨는지 냄새가 나도 담당 승무원은 그 분을 꽤 잘 보살펴 주는 듯했습니다. 그 승객 옆자리 남자 승객부터 주변 승객까지 주변 정리를 하시더라고요. 사실 장시간 비행이니 이해가 되긴 하지만 냄새가 꽤 났습니다. 그 날 비행은 만석이라 유아도 꽤 많고 아이와 단 둘이 탑승한 외국인 여자도 있고 참 북적북적했습니다. 그래도 비행 중간중간, 깜깜할 때도 혼자 있는 그 승객에게 먼저 가서 대화를 하는 등 쉬지 않고 계속해서 아기 케어하고 그 남자분 케어하고 … 계속 복도에 서 계시더라고요.

하기할 때 보니 그 휠체어 승객 자리가 제 예상대로 꽤 젖어 있었고 냄새도 심했습니다. 나중에 보니 의자를 완전히 분리하더군요. 아마 복도에서도 휠체어에 실수를 하신 것 같았습니다. 하지만 그 승무원은 맨손으로 휠체어 승객이 화장실에서 여름 옷으로 갈아 입는 걸 도와주고 추울까 봐 담요를 어깨에 걸쳐 주고 새 슬리퍼도 직접 신겨 주고 정말 잘하더군요. 심한 장애가 있다 해도 남자인데 두려움 없이, 주저함 없이, 눈을 마주 보고, 손을 먼저 내밀어 악수를 청하고, 그 손을 따뜻하게 잡아 주는 OO항공 승무원의 모습을 보고 참 칭찬해 주고 싶었습니다.

항공기에서 나와 그 외국인 승객과 몇 마디 말을 나눴는데 캄보디아로 환승한다는 말을 듣고 보호자 없이 가능할지 의문이 들었으나, 그 분은 OOO 에어 캐빈 크루와 함께 갈 수 있다며 환하게 웃으셨습니다. 그 분이 말하길, 승무원에게는 자기 같은 사람이 가장 어려운 일이라며 그 어떤 위로의 말보다 오늘 담당 승무원이 가장 고마웠다고 하더군요. 13시간 동안 저희 구역을 담당했던 승무원님의 정말 프로페셔널한 모습에 칭찬을 하고 싶고 사무장님께서 일사분란하게 지휘하시는 모습을 보고 역시 국적기를 타야 하는 이유를 알게 되었습니다.

오늘 출근해서 직장 동료들이랑 휴가 얘기를 하며 기내에서 있었던 일을 말하다 그 승무원분 얘기를 했더니 다들 이런 일은 칭찬해 주어야 한다고 해서 처음으로 이렇게 홈페이지에 글을 남깁니다. 내년 휴가도 기대해 봅니다. OO항공에 타서 이번 휴가를 따뜻하게 마무리했으니, 제가 더 고맙습니다.

1. 객실 사무장 또는 승무원이 칭송받은 이유는 무엇인가요?

2. 자신이 승무원이라면 해당 승객에게 어떤 서비스를 추가해야 더 좋은 서비스가 될까요?

3. 고객 감동을 위한 자신만의 기내 서비스 대화문을 만들어 보세요.

WHCR 신청 승객/거동 불편 승객 응대

사례연구 **비행 중 객실 쾌적성 유지 SVC(Galley 소음 최소화)**

평소 출장이 잦은 저는 비행 이동으로 인한 스트레스를 최소화하기 위해 OO항공을 주로 이용합니다. 워낙 자주 비행기를 타서 승무원들의 표정만 봐도 오늘 비행기에서 잘 쉬고 목적지까지 잘 갈 수 있을지 가늠할 수 있다고 자부합니다. 그런데 오늘은 소위 말하는 '역대급'으로 좋은 분위기에서 서비스를 받은 것 같아 피곤함을 무릅쓰고 이렇게 글을 남깁니다.

이번 홍콩 출장은 중국 본토를 육로로 이동해 다녀와야 하는 굉장히 힘든 스케줄로 계획되어서, 출발하기 전부터 걱정이 많았습니다. 한국행 비행기에 오르기도 전에 이미 체력이 바닥 나서 넋 나간 사람이 되어 있었습니다. 탑승도 남들보다 조금 늦어져서 초조해하며 비행기에 오르는데, 문 앞에서 저를 맞이해 준 승무원들의 밝은 미소와 에너지 넘치는 인사가 제게 힘을 주었습니다. 남 승무원과 여 승무원 한 분씩 계셨는데, 이착륙할 때 이 분들이 제 좌석의 맞은편에 앉으셔서 이름을 정확히 알 수 있었습니다. 바로 OOO 승무원과 부팀장이라고 본인을 소개하신 OOO 승무원이십니다. 새벽 비행이고 승객이 많은 비행인데도 두 분 승무원들과 다른 승무원분들도 모두 피곤하고 짜증 난 기색 없이 밝고 즐겁게 일하는 모습에 저도 덩달아 기분이 좋아졌습니다.

평소 시끄러운 걸 알면서도 다리를 뻗고 편하게 갈 수 있는 장점 때문에 비상구 좌석을 선호하는데, 오늘은 이상하게도 승무원들이 일하는 주방 쪽에서 달그락거리는 소리가 거의 나지 않았습니다. 궁금해서 화장실에 가는 길에 살짝 커튼을 들추어 보니, 아까 저를 맞아 주신 남 승무원분께서 정말 조심스럽게 식사를 준비하고 계셨습니다. '쇠 긁는 소리'가 듣는 사람에게 얼마나 불쾌하고 짜증을 유발하는 소리인지는 다들 아실 겁니다. 그 승무원은 행여라도 그 소리가 날까봐 조심 또 조심하고 있는 것 같았습니다. 제가 커튼 뒤에 있는 것을 보시고는 필요한 것이 있는지 물어보는 것도 잊지 않으시더군요. 혹시나 본인이 식사 준비를 하면서 저를 깨운 게 아닌지 걱정하는 말도 건네셨고요. 정말 건장한 남자분이셨는데, 그렇게까지 섬세한 모습으로 서비스하는 모습을 보고 감동받지 않을 수 없었습니다.

부팀장이라고 하셨던 승무원님도 이륙하기 전과 착륙하기 전에 저뿐만 아니라 비상구 좌석에 앉아 있던 승객들에게 일일이 인사를 건네며, 주방 소음으로 편안한 휴식을 취하지 못한 게 아닌지 걱정해 주셨습니다. 승무원들의 배려 덕분에 너무나도 편하게 목적지까지 왔다고 얘기했는데도, 다음 번에는 더 좋은 서비스로 모시겠다고 하셔서 다시 한번 감동을 받았습니다. 한국 도착 후 바로 출근해서 오늘 하루의 업무가 끝나 가는 이 시점에, 저를 아침부터 기분 좋게 만들어 주신 고마웠던 그 분들이 생각나서 이렇게 장문의 글을 남기는 바입니다. 앞으로도 꾸준히 OO항공을 이용하겠습니다. 그럼 수고하십시오.

1. 객실 사무장 또는 승무원이 칭송받은 이유는 무엇인가요?

2. 자신이 승무원이라면 해당 승객에게 어떤 서비스를 추가해야 더 좋은 서비스가 될까요?

3. 고객 감동을 위한 자신만의 기내 서비스 대화문을 만들어 보세요.

Galley 주변 착석 승객 응대

사례연구 **LOS(Last Offered Seat) 좌석 승객 Care SVC**

수녀가 된 지 30주년을 맞아 수도회에서 보내 주시는 이스라엘 성지순례길에 올랐습니다. 국제선 비행기를 타고 떠나는 첫 번째 여행이었습니다. 제주도는 몇 번 가 봤지만, 장시간 비행기를 타고 떠나는 것은 처음이었거든요. 좁은 공간 안에서 장시간을 여행한다는 것이 쉬운 일이 아니었고, 자리도 비행기 맨 뒷자리 화장실 옆이라 사람들이 들락거려 여간 신경 쓰이는 것이 아니었습니다.

그런 저를 배려해 승무원분들이 따뜻한 말도 건네 주고, 음료수도 주시고, 지루하지 않도록 앞 의자에 부착된 모니터 사용법도 가르쳐 주셔서 영화도 보고, 음악도 들으면서 긴 시간이지만 즐거운 여정이 되었습니다. 바로 인사를 하고 싶었는데, 여행 후 돌아와서 바쁜 일정을 보내다가 가방을 정리할 때에야 승무원분들의 얼굴이 떠올랐습니다. 바로 홈페이지를 열어 보고, 이곳을 얼마나 찾았는지 모릅니다. 수녀가 된 지 30주년을 맞아 떠난 첫 여행은 승무원분들 덕분에 시작이 좋아 마침도 좋은 여행이 되었습니다. OO항공은 이런 직원들로 인해 이미지가 좋은 것 같습니다. 아주 많이 감사드립니다.

37D 좌석에 착석했습니다. 좌석이 해당 구역의 끝에 있다 보니 자연스럽게 밀 서비스도 마지막에 받았습니다. 하지만 해당 구역을 담당하는 승무원이 한 분이고, 혼자서 너무 바쁘게 움직이셔서 불만을 가질 상황은 아니었습니다. 사실 탑승 전에 이미 저녁 식사를 해서 불만도 전혀 없었고요. 근데 이 승무원분이 훈련을 잘 받으신 건지, 원래 마인드가 좋으신 건지 사소하게 지나갈 수 있는 것도 지나치질 않더군요. 예를 들어 "밀 서비스까지 너무 오래 기다리셨죠."라고 하시고 화장실에 갔다 왔더니 직접 찾아와서 "입국서류 앞에 꽂아 두었습니다."라는 말을 잊지 않았습니다.

그리고 마지막으로 착륙 전에 앞 좌석 승객이 좌석을 원위치로 안 하고 뒤로 끝까지 젖혀서 누워 있더라고요. 제가 앞 손님에게 말하기도 그렇고 특히 새벽 비행기라 솔직히 아주 많이 불편했거든요. 그 와중에 기장이 승무원 착석하라고 안내하고 있어서 그 승무원도 착석하게 되었죠. 저는 그냥 아무도 알아채지 못하고 지나가나 했어요. 근데 역시나. 그 승무원이 본인 좌석에서 여기저기를 살피다가 제 자리 쪽을 보자마자 바로 앞 좌석 손님에게 와서 말씀하시더군요. 진짜 별거 아니었지만, 만약에 그냥 지나쳤으면 많이 불편했을 겁니다. 물론 이 부분은 교육받은 당연한 절차였겠지만, 사소한 것도 절대 놓치지 않는 태도가 있었다고 봅니다.

사실 위의 내용들이 대단한 것은 아니지만, 제가 이렇게 글을 작성하는 이유는 그동안 OO항공에 탑승하면서 다른 승무원들에게서는 느끼지 못한 인상적인 태도 때문입니다. 누구나 교육을 통해 기본 서비스는 수행할 수 있으나, 좋은 태도는 교육으로 습득하기가 쉽지 않고 실천 시 감성적인 서비스로 다가오는 것이니까요. OO항공에서 이런 타고난 좋은 감성을 지닌 분들을 많이 채용하면 좋겠다는 뜻에서 몇 자 적어 봅니다.

1. 객실 사무장 또는 승무원이 칭송받은 이유는 무엇인가요?

2. 자신이 승무원이라면 해당 승객에게 어떤 서비스를 추가해야 더 좋은 서비스가 될까요?

3. 고객 감동을 위한 자신만의 기내 서비스 대화문을 만들어 보세요.

LOS(Last Offered Seat) 좌석 승객 안내

사례연구 **비행 중 환자 승객 및 동반자 승객 Care SVC**

이번 여행은 저희 모녀에게 굉장히 특별한 여행이었습니다. 현재 어머니가 갑상선 항진증과 공황장애를 함께 이겨내고 계시는 상황입니다. 이번 달 말에 있는 오빠 결혼식을 앞두고 시애틀에서 출발해 광저우에 계시는 어머니를 모시고 한국으로 귀국하던 길이었습니다. 편안한 비행을 하던 도중 현지 기상 악화로 비행기가 흔들려서 도착 5분 전에 어머니에게 과호흡과 패닉 어택이 왔습니다. 어떻게 해야 할지 몰라 너무나 힘들고 무서운 순간에 승무원분들이 진심 어린 배려와 따뜻한 마음으로 도와주셔서 저희 모녀는 무사히 귀가할 수 있었습니다.

OOO 승무원께서는 어머니를 부축해 주시고 넘어지기를 반복하시며 끝까지 어머니가 진정될 수 있도록 곁에서 돌봐 주시고 좋은 말씀을 많이 해 주시며 어머니를 끝까지 책임지고 보살펴 주셨습니다. 제겐 너무나도 힘든 순간에 해당 승무원분이 최선을 다하셨고 기본 도리 이상으로 어머니 곁에서 힘과 용기를 주셨습니다. 비행기에서 내려 한 시간이 지나도록 손을 잡아 주시며 어머니를 끝까지 챙겨 주셨습니다. 승무원분도 많이 힘드시고 아프셨을 텐데 끝까지 웃으시며 포기하고 싶었던 저희 모녀를 끝까지 웃게 해 주셨습니다. 승무원의 당연한 도리라고 반복하시며 저희에게 건강만 잘 지키라고 당부하는 말씀에 정말 너무 감사했습니다.

저는 승무원의 당연한 도리가 있다고 생각하지 않습니다. 저희 모녀는 평생 해외에서 살며 잦은 비행으로 많은 승무원분들을 봐 왔습니다. 하지만 이처럼 따뜻하고 배려심 많고 정말 인간미가 넘치는 승무원분은 뵌 적이 없습니다. 딸인 저보다 어머니를 더 잘 챙겨 주시고, 놀라셨을 텐데 침착하게 항상 웃어 주시며, 귀가하는 마지막 순간까지 손을 흔들며 책임져 주셨습니다. 길고 잦은 비행으로 많이 힘드셨을 텐데 내색도 안 하시고 따뜻한 손을 내밀어 주셔서 저희 가족은 너무나도 큰 감동을 받았습니다.

또 다른 승무원분의 대처 능력, 빠른 판단, 따뜻한 배려 또한 절대 잊지 못할 것입니다. OOO 승무원분이 어머니를 케어하시는 동안, 또 다른 승무원분이 저를 정말 많이 도와주셨습니다. 제가 어떻게 해야 할지 몰라 하는 순간, 모든 것을 옆에서 해결해 주시고 앞장서 주셔서 그 따뜻하고 배려심 깊은 태도에 많이 의지할 수 있었습니다. 그 분이 안 계셨더라면, 저는 깊은 상심에 빠졌을 텐데 저를 끝까지 이끌어 주셔서 정말 깊은 감사를 드리고 싶습니다. 무거운 제 짐을 함께 나눠 지신 덕분에 침착하게 잘 대처할 수 있었습니다. 끝까지 저희 모녀 옆을 지키시며 기본 도리 이상으로 저희를 책임져 주셨습니다. 이 은혜를 어떻게 보답해야 할지 정말 너무 감사해서 이렇게라도 OO항공에 알리고 싶었습니다.

OO항공에 이런 승무원분이 많이 계셔서 몸과 마음이 아픈 고객분들께 더 많은 감동과 의미를 전해 주시면 좋겠습니다. 이 사소한 배려를 고객들은 절대 잊지 못할 테니까요. 정말 너무 감사드립니다. 훌륭하신 승무원분들을 두신 OO항공에 감사 인사를 꼭 전하고 싶고 꼭 알려드리고 싶었습니다. 신세를 참 많이 졌습니다. OO항공에 감사드립니다.

1. 객실 사무장 또는 승무원이 칭송받은 이유는 무엇인가요?

2. 자신이 승무원이라면 해당 승객에게 어떤 서비스를 추가해야 더 좋은 서비스가 될까요?

3. 고객 감동을 위한 자신만의 기내 서비스 대화문을 만들어 보세요.

개인 병력 승객/동반 보호자의 승객 응대

2. 항공 객실 서비스 사례연구 : 고객 불만

사례연구 **승무원 호출 버튼 응대**

기내에서 승무원을 부르기 위해 콜 버튼을 여러 번 눌렀으나 아무도 오지 않았습니다. 다섯 번을 눌렀을 때쯤 아무도 오지 않아 직접 승무원을 찾으러 기내 중앙으로 갔으나 아무도 없었으며, 결국 11번째 호출에 승무원이 왔습니다. 앞으로 이런 일이 없었으면 합니다.

목이 너무 말라서 콜 버튼을 눌렀는데 우리 쪽을 담당하는 승무원이 오지 않았습니다. 밤 비행이고 손님이 많아 그럴 수도 있다고 생각했으나, 세 번을 눌러도 오지 않았고 결국 음료를 먹지 못했습니다. 이후 2시간쯤 뒤에 일행이 다시 콜 버튼을 눌렀으나 역시 두 번을 눌러도 오지 않았습니다. 마지막으로 세 번째 눌렀을 때 승무원이 왔으나 기다리게 해 드려 죄송하다는 말까지는 기대도 안 했지만 차가운 말투로 "기다리세요"라고 말했습니다. 마치 말썽부리는 어린애가 된 기분이 들어서 너무 불쾌했습니다.

---

1. 서비스 실패 사례의 원인을 분석해 보세요.

2. 객실 승무원의 적절한 대응 절차/고객 불만 해결방안을 정리해 보세요.

   승무원 호출 버튼의 처리 절차

3. 고객 불만을 줄이기 위한 자신만의 기내 서비스 대화문을 만들어 보세요.

   승무원의 호출 버튼 응대 지연 발생 시, 승무원의 대화문

사례연구	승무원 업무 소음(Galley 내 소음)

좌석이 승무원들이 식사를 준비하는 곳과 근접해서 어느 정도는 소음을 예상했지만, 승무원들이 바닥에 물건을 떨어뜨려 수면 중에 여러 번 깨야 했습니다. 예전에도 이런 경험이 있어서 이어 플러그를 끼고 잠을 청하려고 했는데, 이번에는 너무 심하게 시끄러웠습니다.
특히 식사 준비 중이 아닌 시간에 물건을 떨어뜨려 잠에서 깼을 때 상당히 불쾌했으며, 도착 후 기내 대기 중에 다른 승객이 나와 같은 불편 사항을 승무원에게 직접 이야기하는 것도 들었습니다. 부디 승무원들이 좀 더 주의를 기울여서 개선되기를 바랍니다.

1. **서비스 실패 사례의 원인을 분석해 보세요.**

2. **객실 승무원의 적절한 대응 절차/고객 불만 해결방안을 정리해 보세요.**

Galley 소음 최소화를 위한 승무원의 업무 절차

3. **고객 불만을 줄이기 위한 자신만의 기내 서비스 대화문을 만들어 보세요.**

Galley 주변에 착석한 승객 응대

사례연구	승객 부상

저는 국내선에 탑승했는데 음료 서비스 시 승무원이 카트로 제 왼쪽 무릎을 매우 세게 쳤습니다. 너무 아파서 잠에서 깼고, 이후 통증이 지속되었습니다. 부상 치료비에 대한 손해 배상을 요구합니다. 카트가 어느 정도 살살 다리를 쳤으면 이해해 보려고 했으나 카트를 얼마나 빨리 밀었는지 비행기에서 내리고 나서도 저녁까지 통증이 계속되었습니다. 다음부터는 승객의 다리가 있는지 주의하며 일해 주세요.

연로하신 어머니께서 복도 쪽 좌석에 앉아 계셨는데 음료 서비스 중이던 승무원이 카트로 무릎을 치고 지나갔습니다. 기내에서 승무원의 적절한 사과나 적극적인 도움이 없었으며, 도착 후 다리가 계속 아파 병원 진료를 받아 보니 부상 정도가 심각했습니다. 부상 치료비 전액, 손해 배상을 요구합니다.

식사 후 휴식 시점, 승무원이 지나가면서 고개를 숙이고 있던 승객을 미처 발견하지 못하고 허벅지로 승객의 머리를 쳐서 승객이 부상을 입었습니다. 머리, 목 부분의 통증이 지속되고 있어 고액의 손해 보상을 요구합니다.

1. 서비스 실패 사례의 원인을 분석해 보세요.

2. 객실 승무원의 적절한 대응 절차/고객 불만 해결방안을 정리해 보세요.

Cart Handling 시, 승무원 유의사항

3. 고객 불만을 줄이기 위한 자신만의 기내 서비스 대화문을 만들어 보세요.

Cart 이동 시 및 Cart Handling 부주의로 승객 부상 발생 시, 승객 응대

사례연구 **승객 의복 손상**

식사 서비스 시 승무원이 와인을 제공하는 과정에서 부주의로 식사 카트에 있던 와인병이 쓰러져 제 쪽으로 와인이 튀었습니다. 그것도 레드 와인이라 얼룩이 지워지지 않고 옷이며 가방에까지 너무 심하게 쏟아졌습니다. 베개, 이불, 테이블 시트, 가방, 옷에 와인이 다 묻었습니다. 탑승 전 면세점에서 새로 산 가방인데, 가방에까지 와인이 튀어 얼룩이 남았습니다. 너무 속상합니다. 빠른 보상을 원합니다.

1. 서비스 실패 사례의 원인을 분석해 보세요.

2. 객실 승무원의 적절한 대응 절차/고객 불만 해결방안을 정리해 보세요.

승무원 부주의로 승객 의복 훼손 시, 승무원의 업무 절차

3. 고객 불만을 줄이기 위한 자신만의 기내 서비스 대화문을 만들어 보세요.

승무원 부주의로 승객 의복 훼손 시, 승객 응대

사례연구 | 승객 화상

승무원이 미역국 용기에 물을 따르던 중 뜨거운 물이 제 허벅지에 튀었습니다. 승무원은 죄송하다고 사과한 뒤 종이 타월에 찬물을 적셔 가져다주었으며, 처음에는 몹시 뜨거웠지만 병원에 갈 정도로 화상은 입은 것 같지 않아 괜찮다고 했습니다. 이후 곧바로 다른 분께 기내식을 제공하면서 상황이 끝났습니다.

그러다가 비행기에서 내리기 전에 그 승무원이 "정말 괜찮으시죠?"라고 한번 물었습니다. 그런데 승무원의 태도가 너무 불편했습니다. 당연히 괜찮을 거라고 예상하며 당당하게 묻는 말투여서 당황스러웠고, 뜨거운 물을 튄 손님에 대한 적절한 대처인지 실망스러웠습니다. 내리기 전에 약간의 통증이 있어서 승무원에게 말하려고 했으나 왜 이제 와서 말하느냐고 할 거 같아 그냥 집에 왔습니다.

---

1. **서비스 실패 사례의 원인을 분석해 보세요.**

---

2. **객실 승무원의 적절한 대응 절차/고객 불만 해결방안을 정리해 보세요.**

승무원 부주의로 화상 승객 발생 시, 승무원의 업무 절차

---

3. **고객 불만을 줄이기 위한 자신만의 기내 서비스 대화문을 만들어 보세요.**

승무원 부주의로 승객에게 경미한 화상 발생 시, 승객 응대

사례연구 **승객 노트북 손상**

휴식 시점, 어두운 기내에서 테이블에 컴퓨터를 올려놓고 작업 중이었는데, 승무원이 케이크를 담은 접시를 가져오다가 제 팔을 쳐서 케이크가 노트북에 떨어졌습니다. 미안하다고 한 뒤 아무런 조치가 없었으며, 휴지만 가져다 주고 어떻게 됐는지 물어보지도 않았습니다. 현재 키보드는 작동 불능 상태이니 보상을 요구합니다.

또 승무원이 식사 트레이를 급하게 수거하던 중 트레이 안에 있던 소스가 옷에 튀었습니다. 옷에 튄 것도 화가 났지만 미안하다는 말도 없이 휴지를 내밀어 기분이 더욱 상했습니다.

---

1. 서비스 실패 사례의 원인을 분석해 보세요.

2. 객실 승무원의 적절한 대응 절차/고객 불만 해결방안을 정리해 보세요.

승무원 실수로 승객 불만 발생 시, 승무원의 업무 절차

3. 고객 불만을 줄이기 위한 자신만의 기내 서비스 대화문을 만들어 보세요.

승무원 실수로 승객 불만 발생 시, 승객 응대

사례연구	승객 Order Missing

기내식으로 치킨 메뉴를 선택했는데, 승무원이 현재 카트에 없다고 잠시만 기다려 달라고 하며 치킨을 제외한 나머지 음식을 건네주었습니다. 이후 한참을 기다려도 메인 음식을 주지 않아 승무원을 재호출하니 치킨이 떨어졌다고 하며 비빔밥을 주었습니다. 그런데 햇반이 차갑게 식어 있었고 국도 차가웠습니다. 심지어 국을 먹어 보니 찬물을 부어 준 것 같았습니다. 처음부터 없다고 하고 비빔밥을 가져다 준 것도 아니고 기다리다가 다시 물어보니 없다고 해서 가져온 비빔밥은 정말 형편없었습니다.

비즈니스석에 탑승해서 식사 서비스 시 라면을 주문했습니다. 승무원이 라면을 주면서 젓가락을 주지 않아 너무 황당했습니다. 황당한 서비스보다 더 화가 난 건 승무원에게 젓가락을 요청했지만 10분이 넘어도 서비스되지 않았고, 한 번 더 요청했지만 한참 뒤에 제공받았는데 라면이 이미 많이 불어 있었던 것입니다. 승무원들이 바쁜 걸 알아서 기다릴 수 있지만, 이건 한 번도 아니고 두 번이나 말을 해야 하고 그것도 한참을 더 기다리고 나서야 젓가락을 받았습니다. 관심을 떠나 제대로 된 서비스조차 받지 못한 거 같아 너무 불쾌했습니다.

---

1. 서비스 실패 사례의 원인을 분석해 보세요.

---

2. 객실 승무원의 적절한 대응 절차를 정리해 보세요.

승객 개별 Order Missing 방지를 위한 승무원의 업무 절차

---

3. 고객 불만을 줄이기 위한 자신만의 기내 서비스 대화문을 만들어 보세요.

승객 개별 Order Missing 발생 시, 승객 응대

사례연구 기내식 이물질

기내식 메뉴로 주문한 동치미 국수가 너무 불고 잘 풀어지지 않아서 먹는 데 고생하고 있는데 이물질까지 나와서 승무원에게 그냥 치워 달라고 했습니다. 국수 대신 빵과 커피를 가져다 달라고 요청했는데, 다 식은 빵을 가져왔습니다. 제가 빵을 하나도 먹지 않으니 승무원이 다가와서 왜 먹지 않는지도 묻지도 않고 다른 것을 가져다 주겠다고 했습니다. 그 상황에서 더 이상 뭘 달라고 하겠습니까?

비즈니스 클래스에 탑승해서 기내식을 받은 후 콜라를 요청하자, 승무원이 콜라 캔을 가지고 와서 잔에 따라 주고 갔습니다. 콜라 캔을 보니 립스틱 자국이 선명하게 묻어 있었어요. 황당해서 승무원에게 문의하니 자기들이 먹다 놓은 것을 새 것인 줄 착각하고 줬다고 했습니다. 생각할수록 이치구니기 없어서 글을 남깁니다.

1. 서비스 실패 사례의 원인을 분석해 보세요.

2. 객실 승무원의 적절한 대응 절차/고객 불만 해결방안을 정리해 보세요.

기내식 이물질 발생 시, 승무원의 업무 절차

3. 고객 불만을 줄이기 위한 자신만의 기내 서비스 대화문을 만들어 보세요.

기내식 이물질 발생 시, 승객 응대

사례연구 **면세품 서비스**

승무원들이 사전 주문 면세품을 승객들에게 전달하며 돌아다니고 있었습니다. 한 승무원에게 지금 기내 면세품 주문이 가능하냐고 물으니, 한숨을 푹 쉬더니 정색하면서 지금은 사전 예약하신 분들에게 먼저 드리는 거라고 말하고 제 얘기가 끝나기도 전에 지나갔습니다. 사전에 주문한 사람만 VIP입니까? 친절하게 설명하면 기분이라도 안 나쁘지요. 마치 제가 하면 안 될 요청을 한 것처럼 너무 무안했습니다. 승객은 다 똑같다고 생각하는 게 맞는 거 아닌가요?

---

1. **서비스 실패 사례의 원인을 분석해 보세요.**

2. **객실 승무원의 적절한 대응 절차/고객 불만 해결방안을 정리해 보세요.**

승무원의 기내 면세품 판매 절차

3. **고객 불만을 줄이기 위한 자신만의 기내 서비스 대화문을 만들어 보세요.**

기내 면세품 서비스 개시 전, 개별적으로 물품 구매를 희망/요청하는 승객 응대

사례연구 **기내식 서비스 중 화장실 이용**

화장실 이용을 위해 지나갈 수 있도록 승무원에게 카트를 비켜 줄 것을 요청했으나, 승무원이 비켜 주지 않아 재차 비켜 달라고 요청했습니다. 화장실이 너무 급해 정말 그 자리에서 뭐라고 하려고 했지만 식사 서비스를 하고 있어서 차마 말을 하지 못했습니다.

제가 황당했던 건 승무원이 저를 위아래로 훑어보며 크게 한숨을 쉰 후 카트를 비켜 준 것입니다. 승객이 지나갈 수 없으면 이유를 들어 설명하는 게 맞지 않나요? 저를 위아래로 훑어보던 표정을 아직도 잊을 수 없습니다.

식사 서비스가 끝나고 많은 사람들이 화장실을 이용했으며, 저 또한 긴 줄을 기다리다가 이용했습니다. 화장실을 오래 사용한 것도 아니었는데 나오자마자 밖에서 핸드페이퍼를 채우려고 대기하고 있던 승무원이 대놓고 한숨을 쉬었습니다. 민망하고 기분이 상당히 불쾌했습니다. 늦게 나온 것도 아닌데 한숨은 뭡니까?

1. 서비스 실패 사례의 원인을 분석해 보세요.

2. 객실 승무원의 적절한 대응 절차/고객 불만 해결방안을 정리해 보세요.

승객의 개별 요청 사항 발생 시, 승무원의 업무 절차(Door, Aisle, Galley, 승무원 Jump Seat 주변 등)

3. 고객 불만을 줄이기 위한 자신만의 기내 서비스 대화문을 만들어 보세요.

기내 통로에서 이동을 위해 Cart를 치워 달라고 요청한 승객 응대

사례연구 **영어 응대**

정말 황당한 영어 서비스입니다. 식사 서비스 시점에 어떤 음식이 있는지 물어보자 담당 승무원이 "beef and noodle, beef and rice, and fish and rice"라고 대답했습니다. beef and rice를 선택했는데 받아 보니 된장 비빔밥이었고, 옆에 있던 외국인은 그 된장 소스를 한 입 먹자마자 뚜껑을 닫았습니다. 물론 된장에 소고기가 들어 있기는 하지만, 한국인이어도 된장이라는 것이 어떤 사람에게는 맞지 않을 수 있잖아요. 특히 외국인에게는 생소한 소스이니 더 자세하게 설명했어야 한다고 생각합니다. 그런데 건너편에 있던 다른 남자 승무원은 제 담당 승무원이 말했던 'fish and rice'를 'cod fish with hot pepper sauce with rice'라고 자세히 설명하는 걸 보았습니다. 식사 메뉴에 대한 제대로 된 설명을 함께 해 주었으면 합니다.

1. **서비스 실패 사례의 원인을 분석해 보세요.**

2. **객실 승무원의 적절한 대응 절차/고객 불만 해결방안을 정리해 보세요.**

기내식 종류 안내 및 주문 방법/절차

3. **고객 불만을 줄이기 위한 자신만의 기내 서비스 대화문을 만들어 보세요.**

외국인 승객에게 한국 전통 기내식인 비빔밥 안내(영어)

사례연구 **입국서류**

도쿄발 인천행 프레스티지석에 탑승했으며, 일행은 이코노미석에 앉았습니다. 인천 도착 후 짐을 찾고서 일행과 함께 나가는데 저만 세관신고서를 작성하지 않았다는 사실을 알았습니다. 일행은 세관신고서를 가지고 있었으나 저만 없어 황당했습니다. 2시간이 넘는 비행시간 내내 불편함이 없었지만 세관신고서를 새로 작성해야 하는 저 때문에 일행까지 굉장히 긴 세관신고 줄을 기다리게 되어 굉장히 불쾌하고 당황스러웠습니다. 그래도 프레스티지석을 타면 이코노미석보다 담당 승무원이 한명 한명을 일일이 신경 써 줘야 한다고 생각합니다. 혹시 프레스티지석 승객 중 저만 빼먹은 건지 확인하고 싶습니다.

후쿠오카로 가는 비행편 기내에서 입국신고서를 작성하다 잘못 기재하여 승무원에게 하나 더 달라고 부탁했습니다. 그러자 바로 승무원의 표정에서 '이 짧은 노선에서 바쁜 시간에 다시 가져다 달라고?' 하는 게 보였지만 기내식을 마저 서비스하고 금방 가져다 주겠다고 하길래 알겠다고 했습니다. 그리고 내내 기다렸습니다. 펜을 들고 후쿠오카에 도착할 때까지 그 분을 다시 볼 수는 없었으며, 결국 도착해서 공항에서 입국신고서를 쓰자니 짜증이 밀려왔습니다.

---

1. **서비스 실패 사례의 원인을 분석해 보세요.**

---

2. **객실 승무원의 적절한 대응 절차/고객 불만 해결방안을 정리해 보세요.**

입국서류 서비스 시 유의사항 및 승무원의 업무 절차

---

3. **고객 불만을 줄이기 위한 자신만의 기내 서비스 대화문을 만들어 보세요.**

입국서류 작성을 문의한 승객 응대

사례연구 **기내식 서비스**

제가 식사를 제공받을 차례가 되었을 때 승무원이 부족한 식사나 준비 물품을 채우려고 하는 것인지 아무런 안내 없이 카트를 끌고 뒤쪽으로 가버렸습니다. 이후 다시 기내식을 제공할 때는 저를 건너뛰고 뒤쪽 승객들부터 서빙했습니다. 당황했지만, 기다리면 식사를 줄 거라고 생각하고 기다렸으나 제 차례는 다시 오지 않았습니다. 이후 커피를 제공하던 승무원이 기내식이 없는 저를 발견하고는 식사를 안 하겠다고 했느냐고 오히려 되물었습니다. 기내식을 제공할 때는 승무원이 기본적으로 주변을 둘러보며 제공이 되었는지 확인한 후 서빙을 해 주었으면 합니다.

식사 제공 시 카트가 제게만 배식을 안 하고 그대로 지나쳤습니다. 앞 줄 먼저 주고 주려나 보다 싶어서 기다렸는데, 계속해서 앞 줄로 이동을 해서 호출 버튼을 눌렀습니다. 그때는 다른 구역 담당 승무원이 왔으며, 식사를 못 받았다고 하니 '자리에 있었는데도 못 받았냐'고 묻길래 그렇다고 답하자, 죄송하다며 오늘 여기 담당이 신입이어서 그렇다는 말과 함께 식사를 주었습니다. 이후 물수건도 저만 받지 못했습니다. '설마 또 나만 안 주겠어' 하고 기다렸으나, 제가 속한 구역이 끝날 때까지 제공받지 못했습니다. 회수하러 온 담당 승무원에게 제가 못 받았다고 하자, 승무원은 두 번째 실수를 했는데도 죄송하다는 말도 없이 "드릴게요" 이러더니 쌩하고 가버렸습니다. 첫 번째 실수는 이해한다고 해도 두 번째 실수는 이해할 수 없었으며 하기 시까지 제대로 된 사과가 없어 화가 났습니다.

---

1. **서비스 실패 사례의 원인을 분석해 보세요.**

---

2. **객실 승무원의 적절한 대응 절차/고객 불만 해결방안을 정리해 보세요.**

식사 서비스 Skip 방지를 위한 승무원의 업무 절차

---

3. **고객 불만을 줄이기 위한 자신만의 기내 서비스 대화문을 만들어 보세요.**

승무원 부주의로 식사 서비스 Skip 발생 시, 승객 응대

사례연구 **기내식 서비스 중 취침 승객 응대**

인천발 뉴욕행 비즈니스 클래스에 탑승했으며, 이륙 후 잠이 든 상태에서 갑자기 승무원이 깨우면서 식사 메뉴 선정을 권했습니다. 뭘 고르라고 해서 비몽사몽간에 잘 인지하지도 못한 상태에서 고르고 나니, 미안했는지 식사는 원하시는 시간에 요청 시 제공하겠다고 했습니다. 그러고 나서 이미 반쯤 깬 상태로 있으니 기내식 서비스 시간에 옆 좌석 서비스 후 바로 제게도 식사가 제공되었습니다. 굳이 자는 사람을 깨워서 식사 메뉴를 물어보는 게 맞는 건가 싶습니다.

이륙 후 잠이 든 상태에서 누군가 저를 툭툭 치며 깨우길래 봤더니 식사를 가져온 승무원이었습니다. 식사 시간에 승객이 자고 있으면 깨우지 않는 것으로 알고 있는데, 굳이 자고 있는 승객을 깨워서 식사를 줘야 하는 것인지요? 지난번에도 동일한 경험이 있어 항공사에 알렸더니 시정하겠다는 답변을 받았는데, 또다시 이런 일이 일어나서 매우 유감스럽습니다.

---

1. 서비스 실패 사례의 원인을 분석해 보세요.

2. 객실 승무원의 적절한 대응 절차/고객 불만 해결방안을 정리해 보세요.

기내식 서비스 중 취침 승객을 대상으로 한 승무원의 업무 절차

3. 고객 불만을 줄이기 위한 자신만의 기내 서비스 대화문을 만들어 보세요.

개별 취침을 끝낸 승객의 기내식 서비스 요청 시, 승객 응대

사례연구 **기내 안전**

오늘 기내 서비스는 국적 항공사인지 의심이 갈 정도로 형편없었습니다. 이륙 시점에 비디오 상영 후 이륙을 준비했고 승무원은 승객들이 안전 벨트를 맸는지 확인하며 기내를 돌아다녔습니다. 그런데 제 앞 승객이 비행기를 탑승할 때부터 비행기가 뜨기 직전까지 전화 통화를 했습니다. 승무원이 그렇게 많이 지나가도 제지하는 사람이 단 한 명도 없어서 놀랐습니다. 항법장비에 영향을 준다고 핸드폰을 못 쓰게 하는 건 안전을 위해 당연한데, 그러한 승객을 제지하는 승무원이 한 명도 없어 최악의 비행이었던 것 같습니다. 그리고 제 앞 승객이 어찌나 크게 통화를 하는지 그걸 모를 이 없었을 텐데 … 안전 의식이 없는 건지 귀찮은 건지 의아합니다.

---

1. 서비스 실패 사례의 원인을 분석해 보세요.

2. 객실 승무원의 적절한 대응 절차/고객 불만 해결방안을 정리해 보세요.

이착륙 전 휴대용 전자기기 사용 제한 규정 및 승무원의 업무 절차

3. 고객 불만을 줄이기 위한 자신만의 기내 서비스 대화문을 만들어 보세요.

이착륙 전 휴대용 전자기기 사용 승객의 제지를 위한 승무원 응대

사례연구 **승객 하기 후 응대**

저는 이번 장거리 여행에서 다리가 아파 휠체어를 신청했습니다. 체크인 카운터에서부터 적절한 안내를 받고 기분 좋게 탑승했습니다. 비행도 그럭저럭 괜찮았습니다. 담당 승무원이 착륙하기 전에 휠체어 승객이니 일반 승객이 다 내리고 나서 하기를 도와주겠다고 하여 그것도 이해했습니다.

하지만 하기 시점에 승무원의 응대가 너무 미흡했습니다. 다른 승객이 다 내리고 휠체어 승객만 남아 있던 때에 제 뒤에 앉아 있던 휠체어 승객이 내렸는데 저는 그때까지 아무도 도와주지 않았습니다. 앞자리부터 순차적으로 저를 먼저 내리게 하는 게 정상 아닌가요?

그래서 기다리다 못해 담당 승무원에게 내리면 안 되냐고 하니 그냥 기다리라는 말만 듣고 왜 기다려야 하는지 적절한 이유를 듣지 못했습니다. 휠체어 승객이 나중에 내려야 하는 건 알지만 휠체어 승객 중에서 왜 제가 나중에 내려야 하는지 설명은 해줘야 제가 이해하고 기다리지 않겠습니까? 다음부터는 마냥 기다리게 하지 말고 적절한 설명도 해 주셔야 할 것 같습니다.

---

1. **서비스 실패 사례의 원인을 분석해 보세요.**

2. **객실 승무원의 적절한 대응 절차/고객 불만 해결방안을 정리해 보세요.**

승객 탑승/하기 순서

3. **고객 불만을 줄이기 위한 자신만의 기내 서비스 대화문을 만들어 보세요.**

특수 지원 서비스를 요청한 승객 응대(도착 전 사전 안내)

사례연구 **기내 음료 서비스**

기내식 식사 이후 차와 커피를 나누어 주는 시간이었는데, 제 구역을 담당하던 승무원분이 제 열에서 뜨거운 물이 다 떨어졌다고 잠시만 기다려 달라고 하고 돌아갔습니다. 그러나 10분 이상 지나도 그 승무원분은 돌아오지 않았고, 앞 열의 다른 승객분들은 음료를 다 마셔 가는 상황이어서 더 늦게 요청하면 안 될 것 같아 제 옆을 지나가던 승무원에게 커피를 받을 수 있는지 문의했습니다. 그런데 그 승무원은 "아까 커피 나눠 줄 때 안 받으셨어요?"라고 물었습니다. 마치 커피를 나눠 줄 때 왜 받지 않고 이제 와서 요청하느냐는 뉘앙스였습니다. 그래서 저도 불쾌해져서 '나눠 줄 때 안 받은 게 아니고 나눠 준 적이 없다. 내 열에서 뜨거운 물이 다 떨어져서 받지 못했다'고 했더니 승무원이 당황했습니다.

설령 제가 커피를 나눠 줄 때 원하지 않았다고 하더라도, 마음이 바뀌어 추가로 요청해서는 안 되는 건가요? 이 상황처럼 제가 원했지만 배식받지 못한 게 아니라 변심으로 뒤늦게 요청했다면 저런 식의 불쾌한 응답을 들어도 할 말이 없어야 하는 것인가요?

이륙 후 30분 정도 시간이 지난 후, OOO 승무원에게 물 한잔을 달라고 요청했는데 보는 둥 마는 둥 잠깐만 기다리라고 하고서는 30분이 지나도록 물을 주지 않았습니다. 그 승무원이 다시 지나갈 때 왜 물을 안 주느냐고 물었더니 그제서야 생각난 듯 "아차!" 하면서 물을 가져다 주었습니다. 식사 제공 시 승무원에게 빵 하나를 줄 수 있는지 문의하니, 지금은 서비스 중이니 나중에 서비스 끝나고 알아봐 주겠다고 대답했습니다. 그 승무원은 외국 승무원인 것 같았습니다. 한국 말이 서툴러서 영어로 설명해 줬습니다. 그러나 이후 빵은 된다, 안 된다는 말도 없이 주지도 않았습니다.

시간이 좀 지나서 기내 면세품을 구매하려고 책자를 보며 승무원에게 문의를 했습니다. 조금 전에 빵이 더 있는지 문의한 승무원이었는데, 아무리 기다려도 다시 오지 않더니 마침 지나가길래 또 물었습니다. 그러나 이번에도 "잠시만요" 하고 가서는 감감무소식이었습니다. 결국 호출을 해서 승무원을 불렀더니 다른 승무원이 와서 기내 면세 판매가 마감되었다고 했습니다. 빵 서비스까지는 이해했지만, 면세품까지 왜 내가 손해를 봐야 하는지 순간적으로 너무 화가 났습니다.

1. 서비스 실패 사례의 원인을 분석해 보세요.

2. 객실 승무원의 적절한 대응 절차/고객 불만 해결방안을 정리해 보세요.

서비스 Skip 방지를 위한 승무원의 업무 절차

3. 고객 불만을 줄이기 위한 자신만의 기내 서비스 대화문을 만들어 보세요.

서비스 Skip 발생 시, 승객 응대

사례연구 **기내 청결 및 쾌적성 유지**

설 연휴라 비행기 안에 승객이 많았고, 화장실 줄도 갈 때마다 길었습니다. 앞에 세 사람 정도가 서 있어서 계속 기다리는데, 승무원이 종이 티슈를 들고 와서 제 앞에서 끼어들며 잠시 들어가겠다고 했습니다. 저도 오래 기다린 상황이라 잠시 후에 정리해 달라고 하자, "많이 급하신가 봐요"라고 말했습니다. 굳이 오래 기다린 승객들을 제치고 화장실을 청소하려는 것도 이해가 가지 않을뿐더러, 오래 기다렸으니 잠시 후에 정리해 달라고 하는 말에 그렇게 대답하는 것은 승객에 대한 예의가 아니라고 생각합니다.

화장실을 갔다가 갤리 앞에서 물을 한잔 달라고 말할 참이었습니다. 그때 비닐장갑을 끼고 화장실에서 청소하고 나온 승무원분께 물을 한잔 달라고 했는데, 그 비닐장갑을 낀 손 그대로 물을 주었습니다. 굉장히 불쾌하고 기분이 너무 안 좋았으며, 기본적인 위생 관념과 서비스 마인드를 갖추지 못한 승무원의 비전문적 서비스 태도에 매우 실망했습니다.

비즈니스 클래스에 탑승했습니다. 하와이 도착 후 항공기 문이 열리지 않았는데 성격 급한 한 외국인 승객이 보던 잡지, 사용한 담요 등을 좌석에 놓고 통로로 나가 문이 열리길 기다리고 있었습니다. 저와 일행은 좌석에 앉아 차례를 기다리고 있는데, 한 승무원이 그 외국인 승객이 앉았던 자리에 있는 잡지, 담요 등을 옆 좌석으로 던지며 정리를 하기 시작했습니다.

아직 승객들이 내리지도 않은 상황에서, 그리고 승객들이 곧 내릴 텐데 왜 이렇게 빨리 정리를 시작할까 하는 생각이 들었습니다. 심지어 정리하는 과정에서 Amenity Kit를 던져 그 안에 있는 화장품이 바닥에 굴러 떨어졌으며, 승객들이 쳐다보는데도 승무원은 무표정한 얼굴로 계속 항공기 하기를 위한 정리를 하느라 바빴습니다.

전 세계 사람들이 이용하는 항공사인데, 이런 조그만 일들이 OO항공 이미지를 손상시킨다고 생각합니다. 도착 후 손님이 다 내리고 정리를 해도 늦지 않다고 봅니다. 앞으로는 승무원분들이 OO항공에 대한 큰 자부심을 갖고 철저한 직업 의식하에 일을 해 주면 좋을 것 같습니다.

1. 서비스 실패 사례의 원인을 분석해 보세요.

2. 객실 승무원의 적절한 대응 절차/고객 불만 해결방안을 정리해 보세요.

승객 하기 시 승무원의 업무 절차

3. 고객 불만을 줄이기 위한 자신만의 기내 서비스 대화문을 만들어 보세요.

화장실 청결도 확인 중, 음료를 요청한 개별 승객 응대

사례연구 **승무원의 서비스 이미지메이킹(태도, 표정, 말투 등)**

탑승 직후 입국 시 필요한 서류를 승무원이 주었고, 펜이 없어서 서류를 받으면서 동시에 펜을 달라고 요청했습ㄴ다. 그때 가지고 있지 않았는지 기다려 달라고 하는데, 순간 눈을 지긋이 감았다 뜨며 '짜증 난 표정'으로 말했습니다. 말한 사람이 너무 민망할 정도였어요. 승무원이 저와 일행에게 입국신고서를 한 장만 주어서 한 장을 더 달라고 요청했더니 '짜증 난 표정'으로 "부부이면 한 장만 쓰시면 돼요"라고 했습니다.

식사 서비스 시 처음에 죽을 요청했다가 다른 메뉴로 변경했는데, 담당 승무원이 잠깐이었지만 '인상을 찡그리며' 바꿔 주었습니다. 메뉴를 받자마자 변경한 것인데도 고객 면전에서 그렇게 인상을 찡그려야 하는지 이해가 되지 않았습니다.

승무원에게 담요 제공을 요청하자 승무원이 '남아 있는' 담요가 있는지 확인해 보겠다고 했습니다. 이후 우유가 있는지 문의하자 '남아 있는' 우유가 있는지 확인해 보겠다고 한 후 제게 주었습니다. '남아 있는'이라는 단어 선택이 다른 승객에게 제공 후 남은 음료를 제공하는 것처럼 느껴져 매우 불쾌했습니다.

식사를 제공하는 승무원에게 서비스가 끝난 후 여분의 김이 있으면 더 달라고 했으나, 승무원은 그 자리에서 '오늘은 비행기가 만석이라 여분의 김이 없다'고 대답했습니다. 저와 배우자는 비즈니스석 첫 열에 앉았고 아직 서비스가 끝나지도 않았는데 승무원이 그렇게 대답한 것은 마지막까지 확인해 볼 의사가 없었던 것으로 보입니다. 그 자리에서 바로 없다고 하는 것은 고객의 입장에서 '그냥 바쁘니까 준 것만 먹어라. 그것까지 체크할 시간 없다'로밖에 안 들렸습니다.

비즈니스석에 앉았는데, 식사 서비스 시 승무원이 음식을 준비해 주러 왔을 때 손이 바빠서 미처 테이블을 꺼내지 못하고 있었습니다. 그런데 승무원은 "테이블은 스스로 꺼내 주셔야 해요"라고 주변에도 들릴 만큼 큰 소리로 말했으며, 누가 봐도 짜증 섞인 거친 말과 행동으로 제 테이블을 꺼내 주었습니다. 말에는 뉘앙스라는 것이 있기에 승무원의 말이 단지 테이블을 꺼내 달라는 요청이 아니라 핀잔이라는 것을 충분히 알 수 있었습니다. 또 표정이나 목소리, 주변에 퍽퍽 부딪히는 소리가 나며 테이블을 꺼내는 몸짓에서 제게 화를 내고 있다는 게 느껴졌습니다.

1. 서비스 실패 사례의 원인을 분석해 보세요.

2. 객실 승무원의 적절한 대응 절차/고객 불만 해결방안을 정리해 보세요.

태도, 표정, 말투에 대한 고객 불만 발생 시, 승무원의 업무 절차(보고 절차 포함)

3. 고객 불만을 줄이기 위한 자신만의 기내 서비스 대화문을 만들어 보세요.

태도, 표정, 말투에 대한 고객 불만 발생 시, 승객 응대

사례연구	기내식 회수

비행기 거의 끝자리에 앉아 있었는데 기내식을 받은 지 5분도 채 지나지 않아 승무원이 식사를 정리하기 시작했습니다. 또 기내식을 회수할 때는 카트로 절반 정도를 하고 나서는 승무원이 계속 왔다 갔다 하며 사람들이 다 먹었는지 살피면서 다 먹으면 묻지도 않고 바로 가져가 버렸습니다.

기내식을 먹는 동안 승무원이 다섯 번도 넘게 왔다 갔다 하여 식사하는 내내 불편했고, 심지어 바로 내 옆에까지 와서 다 먹었는지 두 번이나 확인하고 갔습니다. 또 물티슈로 손을 닦고 있는데 바로 달려와서 가져가도 되냐고 물었습니다.

이륙 후 기내식을 먹는 동안 한 승무원이 식사를 빨리 못한 승객들 근처를 계속 왔다 갔다 하면서 승객들에게 "다 하셨습니까? 치우겠습니다"라는 지시 같은 독촉을 몇 차례나 했습니다. 군대 급식도 아니고 승객들이 여유 있게 식사할 수 있는 권리가 있는 것 아닌가요?

1. **서비스 실패 사례의 원인을 분석해 보세요.**

2. **객실 승무원의 적절한 대응 절차/고객 불만 해결방안을 정리해 보세요.**

기내식 제공/회수 시점에서 고객 요청 사항 발생 시, 승무원의 업무 절차

3. **고객 불만을 줄이기 위한 자신만의 기내 서비스 대화문을 만들어 보세요.**

기내식 제공/회수 시, 승객 응대

부록

APPENDIX 01

항공 객실 서비스 대화

승무원은 일반적인 서비스에만 국한된 일을 하는 것이 아니라, 항공기 운항 중에 발생하는 모든 일을 항공기 내에서 외부의 도움 없이 스스로 해결하고 책임지는 역할까지 맡는다. 이 장에서는 항공 객실 서비스 시점별로 승무원이 수행해야 하는 업무와 수행에 따른 고객과의 적절한 대화문에 대해 살펴보고자 한다.

1. 이륙 전 서비스

1) 탑승 인사

고객과의 첫 대면에서 첫인상은 매우 중요하다. 승객을 맞이할 때에는 승객의 얼굴을 보고 밝은 표정으로 Eye Contact을 하며 환영의 인사말을 하고, 승객의 기분이나 상황 등에 맞추어 표정 연출을 한다.

- 상대방의 눈을 보며 밝고 쾌활한 목소리로 인사말을 건넨다.
- 표준어, 경어, 정중한 단어를 사용하여 공손하게 표현한다.

■ 기내 서비스 대화 예시(탑승 인사)

승무원 : 안녕하십니까? 어서 오십시오.

승객 : ○○ 가는 비행기 맞죠?

승무원 : 네, 맞습니다. 손님! ○○까지 가는 ○○○편입니다.
탑승권을 보여 주시겠습니까?
감사합니다. 손님 좌석은 건너편 통로 쪽입니다.

2) 좌석 안내 및 변경

(1) 좌석 안내

탑승 시점에 승무원은 적극적인 자세로 승객을 안내해야 한다. 유소아 동반 승객이 무거운 짐을 들고 있거나 노약자 승객이 짐을 들고 탑승할 때, 단순히 인사만 한다면 좋은 서비스라고 할 수 없다. 승객에게 휴대 수하물 보관 장소를 안내하고 도움이 필요할 것이라고 생각되는 승객에게는 적극적으로 짐 정리를 도와주는 것이 최선의 서비스가 될 것이다.

■ 기내 서비스 대화 예시(좌석 안내)

승무원: 안녕하십니까? 어서 오십시오. 좌석 안내 도와드리겠습니다.

승객: 좌석 번호를 잘 모르겠어요.

승무원: 탑승권을 보여 주시겠습니까? 제가 안내해 드리겠습니다.
짐이 무거운 것 같은데, 제가 도와드리겠습니다.
손님 좌석은 이쪽 창가 측 좌석입니다. 이 짐은 위쪽 선반에 올려드려도 괜찮을까요?
죄송합니다만, 겹쳐서 보관하시면 떨어질 염려가 있으니 손가방은 좌석 밑에 보관해 주시겠습니까?
감사합니다. 즐거운 여행 되시기 바랍니다.

(2) 좌석 변경

잘못된 예약으로 또는 승객의 변심으로 좌석을 변경하는 경우에는 좌석을 확인하는 동안 승객에게 잠시 기다려 달라는 양해와 함께 기다릴 수 있는 적정 공간을 마련해 주어야 한다. 머뭇거리거나 다른 승객의 탑승을 방해한다는 기분이 들지 않게 세심하게 배려한다.

■ 기내 서비스 대화(좌석 변경)

승객: 승무원! 다른 사람이 내 자리에 앉아 있는 거 같아요.

승무원: 제가 확인해 드리겠습니다.
(탑승권 확인 후) 죄송합니다. 곧 조치해 드리겠습니다. 잠시만 기다려 주시기 바랍니다.
(앉아 있는 손님에게) 실례합니다. 손님, 죄송합니다만 탑승권을 보여 주시겠습니까? 네, 감사합니다. 손님 좌석은 바로 뒤 32C 좌석입니다. 괜찮으시면 자리를 옮겨 주시겠습니까? 감사합니다.
(기다려 준 승객에게) 기다려 주셔서 감사합니다. 바로 앉으실 수 있게 자리를 정리해 드리겠습니다.

■ 기내 서비스 대화(일행의 좌석 변경)

승객: 제 가족이랑 자리가 떨어졌는데 같이 앉을 수 없나요?

승무원: 네, 손님. 오늘 좌석 몇 자리가 여유 있는데 같이 앉으실 수 있게 붙어 있는 자리가 있는지 탑승이 끝나는 대로 확인하고 알려 드리겠습니다.
그동안 손님 좌석에서 잠시 기다려 주시겠습니까?

3) 웰컴 드링크(Welcome Drink) 서비스

탑승 시 환영의 의미가 담긴 웰컴 드링크를 제공한다. 이 시점은 고객의 기분 상태, 컨디션 등을 파악할 수 있는 좋은 시점이다. 동료 승무원들과 승객의 특성, 전체적인 서비스에 대해 정보 공유를 하는 것이 중요하다.

© Sandralise / iStock / Getty Images Plus

■ 기내 서비스 대화(웰컴 드링크)

승무원: 안녕하십니까? 환영합니다.
오늘 날씨가 무척 더운데 시원한 음료 한잔 드시겠습니까?

승객: 네, 샴페인 한잔 주세요.

승무원: 네, 곧 가져다드리겠습니다. 여기 있습니다. 더 필요한 것은 없으십니까?

승객: 기내가 약간 더운 거 같아요.

승무원: 네, 알겠습니다. 기내 온도를 확인하고 조절하겠습니다.

4) 담당 승무원 소개

항공기 탑승 후 적정 시점에 사무장과 담당 승무원은 VIP 승객, 상용 고객에게 개별 인사와 간단한 소개를 하게 된다. 개별적인 첫인사이기에 형식에 얽매인 상투적인 표현보다는 개개인에게 맞는 진심 어린 인사를 준비하는 것이 중요하다. 고객 정보에 나와 있는 승객의 직함으로 호칭하여 인사한다.

■ 기내 서비스 대화(담당 승무원 인사)

승무원: 대표님, 저희 항공사를 이용해 주셔서 감사합니다.
뉴욕까지 모시고 가는 담당 승무원 ○○○입니다.
가시는 목적지까지 편안하게 모시겠습니다. 감사합니다.

승무원: 교수님, 저는 담당 승무원 ○○○입니다.
엘에이까지 편안한 여행 되시길 바라겠습니다.
즐거운 여행 하십시오.

5) 서비스 용품 제공

개별 서비스 용품을 드릴 때에는 안에 들어 있는 구성품에 대해 간략히 설명한다. 간혹 승객이 다른 클래스에서 제공하는 서비스 용품을 요구하는 경우가 있다. 가능한 범위 내에서 승객의 요구를 들어 주도록 노력해야 하며, 불가능한 사항에 대해서는 승객이 무안해하지 않도록 정중하게 응대해야 한다.

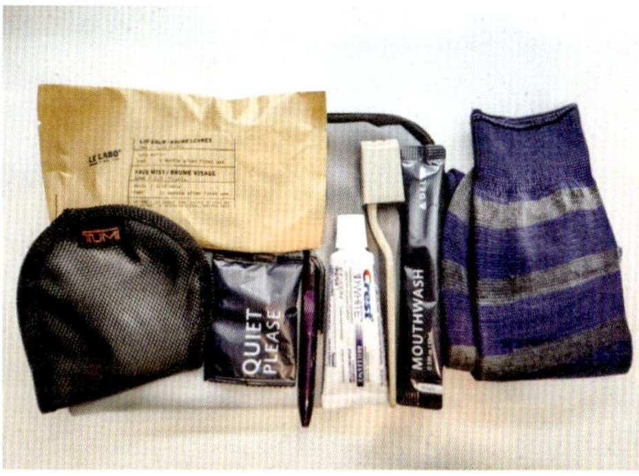

■ 기내 서비스 대화(서비스 용품 제공)

승무원: 기내에서 사용하실 수 있는 편의 용품 드리겠습니다.
안쪽에는 안대, 칫솔, 핸드 크림 등이 있습니다.
즐거운 여행 되시기 바랍니다.

■ 기내 서비스 대화(서비스 용품 요청)

승객: 저 앞쪽에 슬리퍼 하나 얻을 수 있을까요?

승무원: 손님, 오늘은 이코노미 클래스에도 편의 용품에 슬리퍼가 준비되어 있습니다.

승객: 알고 있어요. 비즈니스 거 하나 갖다 주세요. 저번에도 갖다 주시던데...

승무원: (잠시 후) 기다려 주셔서 감사합니다. 죄송합니다만, 말씀하신 슬리퍼가 승객 수에 맞게 탑재되었기 때문에 여분이 없습니다. 혹시 필요한 다른 것이 있으면 말씀해 주십시오.

6) 이륙 전 안전 업무

이륙 전에 승무원은 최우선으로 안전 업무를 수행해야 한다. 안전 업무 수행 중 중요한 임무는 승객의 좌석벨트 확인, 승객의 짐 보관 확인, 좌석 등받이 원위치 등의 확인이다. 이때 승무원은 승객에게 말할 때 명령조가 되기 쉬우니 유의해야 한다. 정중하고 친절한 태도로 승객에게 응대하며, 승객의 불안을 덜어 주고 신뢰감을 얻도록 해야 한다.

■ 기내 서비스 대화 예시(좌석벨트 확인)

승무원: 손님, 곧 이륙하겠습니다. 좌석벨트를 매 주시겠습니까?

승객: 네, 잠깐만요. 이거 어떻게 했죠?

승무원: 네, 제가 도와드리겠습니다. 이렇게 매시면 되고요. 풀 때에는 덮개를 올리시면 됩니다.

■ 기내 서비스 대화 예시(테이블 확인)

승무원: 손님, 비행기가 곧 이륙하겠습니다. 테이블을 접어 주시겠습니까? 이착륙 시 다치실 염려가 있습니다. 또한 좌석 등받이를 바로 세워 주시겠습니까? 감사합니다.

■ 기내 서비스 대화 예시(비상구 좌석 확인)

승무원: 손님, 이곳은 비상구 좌석입니다. 비상구 좌석은 비상시 탈출해야 하는 곳이어서 항상 비어 있어야 합니다. 불편하시겠지만, 좌석 위 선반으로 옮겨 주시겠습니까? 제가 올리는 거 도와드려도 괜찮을까요?

■ 기내 서비스 대화 예시(유소아 동반 승객 좌석벨트 확인)

승무원: 손님, 아이를 안고 계실 때에는 좌석벨트를 같이 매지 마시고 아기는 벨트 밖으로 해서 꼭 안고 계시기 바랍니다. 아기와 같이 벨트를 매시면 비행기가 갑자기 멈출 때 아기에게 엄마 체중이 실리게 됩니다. 다른 도와드릴 일은 없습니까?

7) 일행의 미탑승

단체 여행인 경우 동반하는 일행이 제때 탑승하지 않거나 항공기 여행 경험이 적은 일행이 걱정되는 경우가 종종 있다. 이때에는 승객이 불안해하는 마음을 이해하고 안심할 수 있도록 응대해야 한다. 특히 승객의 입장에서 이해하고 적극적인 관심을 기울이는 것이 중요하다.

© Vovashevchuk / iStock / Getty Images Plus

■ 기내 서비스 대화 예시(일행의 미탑승)

승객: 아까 면세점에서 같이 있던 일행이 아직 비행기에 안 탔어요!

승무원: 네, 손님. 탑승 마감까지는 아직 시간이 남아 있으니 곧 탑승하실 겁니다.

승객: 그래도 시간이 다 되어 가는데...

승무원: 걱정하지 않으셔도 됩니다. 밖에서 저희 직원들이 손님들의 탑승 여부를 확인하고 모든 승객이 탑승할 때까지 기다리게 됩니다. 안내 방송을 계속해서 하고 있으니 잠시만 더 기다려 보시지요.

승객: 아, 네. 알겠습니다.

승무원: 조금 지나도 안 오시면 저희 지상 직원에게 연락해서 알아보겠습니다. 일행분의 성함이 어떻게 되시죠?

8) 승무원 좌석 착석 시 응대사항

비행기가 지상 이동 중 승무원이 승무원 좌석에 착석하면 주변의 승객들이 질문하는 경우가 종종 있다. 승객이 필요로 하는 비행에 관한 정보를 정확하게 제공하는 것은 승객의 입장에서 최상의 서비스가 될 수 있다. 간혹 개인적인 질문을 하는 경우도 있지만, 승객이 무안하거나 당황하지 않게 적절하게 대화하는 기술도 필요할 것이다. 승객에게 밝게 미소 짓거나 적절한 대화 소재를 통해 적극적으로 궁금한 점을 해결해 주는 것도 좋은 방법이다.

■ 기내 서비스 대화 예시(승무원 좌석 착석)

승무원: 안녕하십니까? 비행은 괜찮으셨습니까?

승객: 아, 네. 덕분에 잘 왔습니다.

승무원: 다행입니다. 좋은 여행이 되길 바랍니다.

승객: 근데, 내려서 택시 타고 시내로 가려고 하는데 택시를 어디서 타는지 아세요?

승무원: 공항에는 택시를 타는 승강장이 보통 따로 있는 걸로 알고 있습니다. 도착하셔서 안내 데스크 등을 이용하시면 쉽게 찾으실 겁니다. 보다 자세한 사항은 항공기 하기 후 공항 지상 직원의 안내를 받으시기 바랍니다.

■ 기내 서비스 대화 예시(승무원 좌석 착석)

승객: 오늘 비행기에 승객이 몇 명이나 탔어요?

승무원: 총 ○○분이 탑승하셨습니다.

승객: 그래요? 많이 탔네요. 비행기 길이가 얼마나 되죠?

승무원: 약 ○○미터가 됩니다.

승객: 와, 엄청 크네요.

승무원: 네. 앞 좌석 주머니 안의 기내 잡지 뒷부분을 보시면, 오늘 탑승한 비행기에 대한 안내가 자세히 나와 있습니다.

9) 이륙 시 귀통증 호소 승객

비행기가 이륙하거나 착륙할 때 여압의 차이로 귀에 통증을 느끼는 경우가 있다. 또한 코감기에 걸렸거나 몸의 컨디션이 좋지 않을 때 이통을 심하게 느끼고 고통스러워하는 승객도 있다. 이런 상황을 승무원들은 자주 접하지만, 익숙하지 않은 승객은 승무원에게 질문하고 해결책을 원하는 경우가 있다. 이에 대한 구체적인 설명이나 간단한 처방을 알려 줌으로써 승객이 느끼는 막연한 불안감이나 궁금한 점을 해소해 줄 수 있다.

■ 기내 서비스 대화 예시(귀통증)

승객: 승무원 귀가 너무 멍멍해요. 어떻게 해야 하죠?

승무원: 이착륙 시 기내 여압의 차이로 발생하는 일시적인 현상입니다. 침을 삼키거나 사탕 같은 걸 드시면 도움이 됩니다. 아니면 발살바를 해 보셔도 좋습니다. 코와 입을 막으시고 코를 손으로 잡으신 다음 숨을 내뱉듯이 하여 코 안의 압력을 높여 보세요.

승객: 뚫린 거 같아요.

승무원: 계속해서 통증이 심하면 말씀해 주세요. 물을 드시는 것도 효과가 있습니다.

2. 비행 중 서비스

1) 기내 음료 서비스

기내식은 기본적으로 서양식으로 제공된다. 서양식에서 식전주는 식사하기 전에 식욕을 돋우기 위해 보편화되었으나, 익숙지 않은 내국인은 와인이나 칵테일을 주문할 때 다소 어색해하는 경우가 있다. 승무원은 식음료에 대한 풍부한 지식을 바탕으로 승객에게 식음료를 소개하고 권해 주는 세심한 배려를 하는 것이 좋다. 승객이 칵테일이나 와인에 관심을 표하면 승객 성향에 맞게 설명해 드린다.

■ 기내 서비스 대화 예시(기내 음료 서비스)

승무원: 손님, 식사 전에 음료 드시겠습니까? 주스류, 칵테일, 와인, 위스키 그리고 다양한 소프트 드링크가 있습니다.

승객: 칵테일에는 어떤 것이 있나요?

승무원: 진토닉, 럼앤콕, 블러드메리, 마티니 등이 있습니다. 또한 원하는 칵테일이 있으시면 저희가 갖고 있는 재료 내에서 정성껏 만들어 드리겠습니다.

2) 기내식 서비스

식사 서비스 중 어느 한 메뉴가 소진되거나 음료, 스낵이 떨어지는 경우가 있다. 승무원의 입장에서 승객에게 이러한 사유를 설명하는 것은 쉬운 일이 아니다. 또한 승객이 원하는 것을 취식하지 못할 경우 불만으로 이어지는 경우가 대다수이다. 따라서 승객의 불만이 가중되지 않도록 대안책을 제시하며 대화하고, 최선을 다하는 모습을 보여 주는 것이 중요하다.

■ 기내 서비스 대화 예시(기내식 서비스)

승무원: 손님, 저녁 식사 드리겠습니다. 메뉴로는 비빔밥과 소고기가 준비되어 있었지만 비빔밥은 현재 모두 소진되었습니다.

승객: 비빔밥은 없나요? 저는 비빔밥이 먹고 싶은데.

승무원: 죄송합니다. 하지만 오늘 소고기 요리도 매콤하게 조리하고 밥을 곁들여서 맛이 아주 좋습니다. 드셔 보시겠습니까?

승객: 그럼 비빔밥으로 주세요.

승무원: 우선 이해해 주셔서 감사합니다. 두 번째 식사는 먼저 선택하실 수 있도록 주문을 받겠습니다. 더 필요하신 것이 있으면 말씀해 주십시오. 감사합니다.

■ 기내 서비스 대화 예시(기내식 회수)

승무원: 식사 맛있게 드셨습니까? 정리해 드릴까요?

승객: 네, 그렇게 하세요.

승무원: 드시는 커피를 더 가져다드릴까요? 더 필요한 것은 없으십니까?

3) 객실 상태 점검 및 승객 휴식

© paulprescott72 / iStock / Getty Images Plus

(1) 물품 보관

간혹 승객이 취급 주의나 냉동 보관을 요하는 물품이나 의약품을 보관해 달라고 부탁하는 경우가 있다. 원칙적으로는 승객 자신이 물품을 직접 보관해야 하지만, 공간이 있으면 파손 시 책임에 대한 확인을 받은 뒤 보관해 주는 경우도 있다. 의약품도 개인적인 식품이나 의약품의 냉장 보관을 위해 승무원이 보관할 수는 없지만, 차갑게 보관할 수 있도록 대안책을 제시해야 한다.

■ 기내 서비스 대화 예시(물품 보관)

승객: 이거 냉장 보관해야 하거든요. 냉장고에 보관 좀 해 주실 수 있나요?

승무원: 죄송합니다만, 식음료 변질이나 공간의 제약으로 기내에서 개인적인 물품에 대한 보관이 어렵습니다. 혹시 어떤 내용물입니까?

승객: 제가 먹는 약입니다.

승무원: 중요한 물품이군요. 그러시면 제가 비닐백에 얼음을 넣어 드려도 될까요? 그 속에 넣어 두면 차갑게 보관할 수 있을 텐데, 괜찮으시겠습니까?

승객: 네, 그렇게 해 주세요.

승무원: 네, 잠시만 기다려 주십시오. 나중에 얼음이 다 녹기 전에 새 얼음으로 교체해 드리겠습니다.
(시간이 경과한 후에) 얼음이 혹시 녹지는 않았나요? 새것으로 교체해 드리겠습니다.

(2) 조명 조절

휴식 중에는 기내 조명을 어둡게 하는데, 간혹 창문 덮개를 내리지 않은 승객이 있다. 기내 조명을 어둡게 했을 때 창문의 빛은 승객 휴식에 방해가 될 수 있다. 그러나 승객이 창문을 열고 독서를 하고 있거나 일부러 닫고 있지 않을 때에는 닫아 달라고 강압적으로 말하지 않도록 주의해야 한다. 승객에게 양해를 구해야지 강압적으로 닫아야 한다는 느낌을 준다면 불만으로 이어질 가능성이 많다.

■ 기내 서비스 대화 예시(조명 조절)

승무원: (승객이 입국서류를 쓰고 있을 경우) 실례하겠습니다. 손님, 곧 기내 조명이 어두워집니다. 쓰시는 데 불편하지 않도록 제가 독서등을 켜 드릴까요?
(라이트 조작을 보여 드리며) 제가 켜 드리겠습니다. 즐거운 시간 보내십시오.

(3) 아픈 승객

낮은 습도, 지상과 다른 기압과 온도 등 기내의 공간적 제약으로 환자 승객이 자주 발생할 수 있다. 승객에게 어떠한 약이든 제공하기 전에는 알레르기 반응 여부를 꼭 확인해야 한다. 특히 아픈 승객과는 적절한 대화를 통해 부적절한 처방을 방지해야 한다.

■ 기내 서비스 대화 예시(아픈 승객)

승무원: 손님, 안색이 안 좋아 보입니다. 어디 불편하시지는 않습니까?

승객: 아까 먹은 비빔밥이 체한 것 같아요. 소화제 있나요?

승무원: 네, 베스타제가 있습니다. 혹시 특정 약에 대한 알레르기가 있으십니까?

승객: 없어요.

승무원: 네, 여기 있습니다. 통증이나 다른 증상은 없으십니까?

승객: 없는데, 속이 너무 더부룩해요.

승무원: 기내는 지상에서보다 소화가 안되는 경우가 많습니다. 약 드시면 곧 괜찮아지실 겁니다.

4) 기내 면세품 판매

기내 판매는 서비스의 연장선으로, 판매 수익을 올리기 위해 승객을 응대하기보다는 승객이 구매하고자 하는 물건을 판매하는 서비스 제공 차원에서 친절한 자세로 임해야 한다.

■ 기내 서비스 대화 예시(면세품 판매)

승무원: 기내 면세품 판매합니다. 필요하신 물건 있으십니까?

승객: 로얄 살루트 21년산 세 병 주세요.

승무원: 로얄 살루트 21년산 세 병 주문하셨습니다. 다른 필요한 물건은 없으십니까? 계산을 어떻게 하시겠습니까? 신용카드나 현금으로 가능합니다. 참고로 한국 입국 시 술의 면세 허용량은 개인당 한 병입니다.

승객: 현금 스위스 프랑으로 계산할게요.

승무원: 죄송합니다. 스위스 프랑은 기내에서 수수하지 않습니다. 기내에서는 달러, 원화, 엔화, 위엔화로 가능합니다. 원화로 결제하시겠습니까?

승객: 네.

승무원: 전부 원화 ○○○로 받았습니다. 로얄 살루트 21년산 세 병 여기 있습니다. 거스름돈은 ○○○원입니다. 감사합니다.

5) 입국서류 서비스

여행 경험이 적은 승객이나 연로하신 승객은 입국서류 작성을 종종 어려워한다. 또한 입국서류 작성, 세관 규정에 관해 궁금해하는 승객도 많다. 특히 세관 규정에 관해 승무원이 모든 것을 알고 있으리라 생각하고 질문을 많이 한다. 따라서 승무원은 이러한 질문에 정확하고 친절하게 답변할 수 있어야 한다.

■ 기내 서비스 대화 예시(입국서류 서비스)

승객: 승무원, 미국 가는데 제가 산 게 많아서요. 규정이 어떻게 되나요?

승무원: 미국은 술 1병, 담배 1보루까지 면세 혜택을 받으실 수 있습니다.

승객: 미국에 친척이 많아서 선물을 준비하느라 면세 허용량을 넘은 것 같은데.

승무원: 초과된 부분에 대해서는 ○○%의 세금을 내게 돼 있습니다. 여기 신고서 뒷면에 있는 면세 규정을 참고하시어 작성해 주십시오.

승객: 네, 잘 알겠습니다.

승무원: 다른 도움이 더 필요하시면 말씀해 주십시오.

3. 착륙 후 서비스

1) 하기 안내

하기 시에는 주로 비행기의 첫 번째 문과 두 번째 문을 이용하지만, 현지 공항의 사정, 항공기 기종에 따라 첫 번째만 또는 두 번째 문만 이용하는 경우도 있다. 이때에는 승객이 혼동하지 않게 정확하게 안내해야 한다. 또한 잊고 내리는 물건이 있는지 다시 한번 확인해 드리는 것도 중요하다.

■ **기내 서비스 대화 예시(하기 안내)**

승무원: 대표님, 오늘 하기하실 비행기의 문은 두 번째 문입니다. 뒤쪽으로 하기하시면 되겠습니다.

승객: 알겠습니다.

승무원: 잊으신 물건은 없는지 귀중품을 다시 한번 확인해 주십시오.

2) 하기 인사

승객에게 좋은 인상을 심어 주는 마지막 순간은 하기 인사 시점이다. 긴 시간 동안 여행하면서 대화를 나눈 승객에게 감사한 마음을 담아 진심으로 인사를 건네도록 한다. 같은 말을 되풀이하는 것을 지양하고 승객의 개별적인 특성에 맞게 하기 인사를 하도록 한다.

■ 기내 서비스 대화 예시(하기 인사)

승무원: 감사합니다. 안녕히 가십시오.
저희 항공사를 이용해 주셔서 감사합니다. 즐거운 여행 하십시오.
다음에도 다시 만나 뵙기를 바라겠습니다.

APPENDIX

02 항공 글로벌 매너

국제화, 세계화 시대를 맞아 그 어느 때보다도 국가와 국가 간의 교류만이 아니라 개인 간의 국제 교류가 빈번해지면서 지구촌 세계인으로서 지켜야 할 예의 범절, 이른바 국제 매너의 필요성이 더욱 부각되고 있다. 이 장에서는 처음 만나는 사람에게 깊은 인상을 남기는 단정한 용모와 세련된 매너, 빈틈없는 에티켓에 대해 알아보고자 한다.

현대는 세계화, 국제화 시대로 인터넷을 통해 서로 연결되어 있다. 이러한 국제화 시대에 걸맞은 예의범절로 글로벌 매너를 갖추는 것은 세계 무대에서 타 문화를 이해하고 교류할 수 있는 경쟁력을 갖추는 것이다. 또한 많은 국가와 도시를 운항하면서 다양한 국적, 종교, 사회문화적 배경을 가진 고객을 만나 최접점에서 서비스하는 객실 서비스의 특성상 탑승 고객들의 성향과 요구사항을 잘 이해할 필요가 있다. 이는 곧 고객 만족 서비스의 기본이 되므로 객실 승무원은 국제 문화의 이해를 통해

© Ojogabonitoo / iStock / Getty Images Plus

글로벌 마인드를 함양하고 다른 문화권에 속하는 고객의 특성을 사전에 파악하고 이를 바탕으로 고객 감동 서비스를 제공해야 한다.

예를 들어 돼지고기를 안 먹는 종교가 있는 나라가 있다고 하자. 그렇다면 그 나라 사람들에게 계속해서 돼지고기 요리를 권유할 수는 없다. 대안책을 찾고 서비스를 제공해야 승객이 만족하는 서비스를 이끌어 낼 수 있을 것이다. 그러므로 국가별 고객의 특징을 이해하고 그에 따른 객실 서비스의 대응방안을 살펴보도록 하자.

1. 글로벌 예절 문화 이해

상대방의 문화와 전통의 기본 이해 ➡ **상대방에 대한 최소한의 배려**

국가와 지역을 초월해 적용되는 글로벌 예절의 공통사항은 다음과 같다.

① 상대방 존중하기
② 시간 지키기
③ 터부(Taboo) 사항 준수하기
④ 도움을 받은 경우 반드시 적절한 감사 표현을 전달하기

© Getty Images Bank

2. 국가별 매너 특성

1) 미국

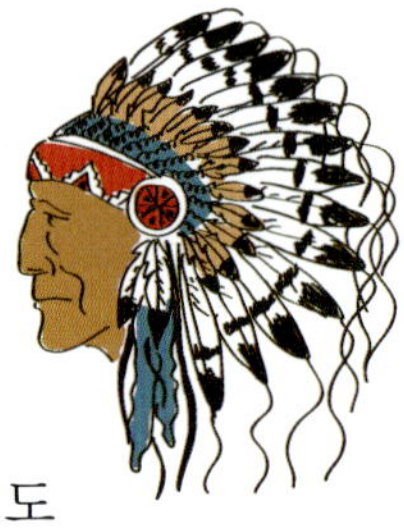

- 제스처를 많이 사용한다. 종종 우정을 표현하기 위해 다른 사람의 어깨에 손을 얹거나 유머를 할 때 살짝 치곤 하는데, 친근함의 표현이다.
- 초면 인사 직후라도 이름을 불러 주는 것을 좋아한다. 기내에서도 직함을 사용해 호칭해 주는 것이 좋다.
- 실수로 남에게 피해를 주거나 몸이 부딪치거나 했을 때에는 반드시 사과한다.
- 개인 공간이 침해받는 것을 싫어하므로 대화 시에는 적정 거리를 유지한다.
- 시간과 약속을 중요시한다. 기내 서비스 시 주문을 받고 깜빡하는 일이 없도록 주의해야 한다. 즉시 해결하기 어려우면 메모 패드(Memo Pad)를 적극적으로 활용한다.
- 약자와 여성을 우선시하는 문화가 정착했으므로 서비스 제공 시 창가 측 손님이 우선되더라도 노약자나 여성이 옆 좌석에 있다면 우선적으로 서비스한다.
- 대개 침묵을 불편해한다. 호텔, 엘리베이터, 거리에서 미국인을 마주치면 가볍게 인사한다.
- 신뢰를 매우 중시한다. 고객의 요구를 즉시 해결해 주지 못할 경우에는 예상 소요시간을 미리 알려 양해를 구하고 서비스를 제공한다.
- 팁(Tip) 문화가 발달하여 팁을 잊는 것은 결례이며, 금액의 10~15%가 적당하다.
- 적극적으로 의사를 표현한다. 미국인은 자신의 요구와 권리를 즉각적으로 표현하는 경향이 있으므로 잘못된 일에 대해 고객 불만 제언을 빈번히 하는 편이다.
- 요리를 테이블에서 나눠 먹는 것은 무례한 행동이다. (인원수대로 식사를 주문한다.) 식사 도중의 기침, 재채기, 트림은 결례이다. 반드시 'Excuse me'라고 양해를 구한다. 헛기침도 마찬가지이다.

2) 영국

- 세계 최고 수준의 시민 의식을 자랑한다. '신사의 나라'라는 전통을 존중하고 질서를 잘 지키며 느긋한 여유를 가진다.
- 유럽인들은 식사할 때 와인과 주류를 함께 마시는 것을 선호한다.
- 음식 및 주류에 대한 조예가 깊고, 취향이 까다로운 편이므로 식음료 지식을 잘 숙지할 필요가 있다.
- 레이디 퍼스트(Lady First)가 생활의 기본이다.
- 대화 중 직책이나 직함을 부르지 않는다.
- 자신을 'Mr. Kim'으로 소개하는 것은 결례이다. 성이나 풀 네임으로 소개한다. 반대로 여성은 성 앞에 'Ms/Mrs'를 사용하는 것이 관행이다.
- 소리 내어 웃는 것은 신사가 아니라고 생각한다.
- 티타임(Tea Time)을 즐긴다.
- 'Sorry'와 'Thank you'가 생활화되어 있다.

3) 러시아

- 경로사상이 강하고 가부장적인 사회이다.
- 초면에는 악수를 하지만, 친한 경우에는 남녀를 불문하고 서로 세게 껴안아 인사한다.
- 외국인이 먼저 말을 트자고 제안하기 전까지는 기다리는 것이 관행이다.
- 통역자를 사이에 두고 얘기할 때도 시선은 상대를 보며 말한다.
- 한때 미국과 더불어 세계 최강국으로 사회주의의 맹주라는 자부심을 갖고 있다. (대다수의 근로자는 공무원으로 구성되며 자존심이 강하다.)
- 술을 좋아하므로 좋은 술이 선물로 적당하다.

© Annykos / iStock / Getty Images Plus

4) 중국

- 역사에 대한 자부심이 높다.
- 대화할 때 목소리가 크다. 성격이 유쾌해서 종종 기내에서 목소리가 가장 큰 여행객으로 눈에 띄는 편이다. 언성이 높아서 자칫 멀리서 보면 싸우는 것으로 오해할 수도 있다. 주변 고객의 쾌적한 여행을 위해 수시로 객실 순회를 하며 적절한 객실 분위기를 조성할 필요가 있다.
- 매사에 느긋하고 대범한 성격, 자존심이 강한 국민성, 관계와 신용 중시, 낯선 사람은 믿지 않지만 지인의 소개를 받은 경우에는 호감을 보이며 적극적으로 돕는다.
- 중국인은 일을 할 때 언제나 여유 있게 하며 서두르는 법이 없다. 일을 조급하게 빨리 하면 결국에는 손해를 본다는 생각이 깔려 있기 때문이다. 따라서 서비스를 할 때 서두르지 않고 응대하도록 한다.
- 시간 약속은 엄수한다. 약속 취소나 지각은 모욕으로 간주한다.
- 차 문화가 발달했다. 차는 중국인에게 빠질 수 없는 기호 음료이다. 휴대한 보온병에 따뜻한 물을 달라는 모습은 기내에서도 매우 익숙하다. 뜨거운 차를 즐겨 마시는 중국인에게는 평소보다 더욱 신경 써서 리필 서비스를 해 주고 뜨거운 물이 식지 않도록 준비해 나가는 것도 중요하다.

5) 일본

- 웃어른과 눈을 맞춘 후에 인사하는 것이 원칙이나 상대가 불편해할 것 같은 상황에서는 외면하는 것이 예의이다. 고개를 숙여 인사할 때에는 상대방과 높이를 비슷하게 맞추고 들어 올릴 때에는 상대방보다 허리를 먼저 올리지 않는다.
- 나이, 직위, 상황에 따라 경어를 사용하므로 어리더라도 남의 아이에게는 경어를 사용한다.
- 자기를 소개할 때에는 일반적으로 성만 말한다. 이름에 Mr., Mrs. 의미의 '상(様)'을 붙이는데 직책에는 사용하지 않는다. 또 자신이 부르는 것과 타인에게 얘기할 때 호칭이 다르다. (아버지를 부를 때에는 '오토우상', 남에게 칭할 때에는 '치치'라고 한다.)
- 공중도덕을 준수하는 문화로 질서를 지키지 않으면 비난받는다. 줄서기를 생활화하고 거리에 휴지를 버리지 않으며 약속을 지키지 않는 것은 상대의 명예를 훼손하는 것이다
- 유교 문화가 발달하여 예를 매우 중시하므로 서비스할 때나 사과할 때 정중하게 한다. 식사 서비스 시 메뉴 선택이 불가하거나 요구한 서비스에 응하지 못할 때에는 진심 어린 사과를 하고, 고객 불편을 진심으로 이해한다는 태도를 보이고 요청 사항을 대체할 서비스 제공에 대해 의향을 묻는다.
- 폐 끼치기를 싫어하고 타인을 배려하고 존중하는 모습을 보여 주는 것을 중시한다. 불편 사항이 생기면, 계속 다가가서 응대하여 좋은 인상을 주는 세심함이 필요하다. 일본인은 주목받는 것을 부담스러워하므로 요청 사항이나 문제가 해결될 때까지 기다리는 경향이 있다.
- 기내에서 차와 담요를 많이 요청한다. 여성의 경우 온도에 상관없이 담요를 즐겨 찾는다.

© JoyImage / iStock / Getty Images Plus

6) 한국

- '빨리빨리' 문화로 유명하다. 한국인은 대체로 빨리하려는 성향이 강하다. 빨리 먹는 사람들, 좀 더 빨리 가려고 애쓰는 차들, 심지어 마트 계산원의 바코드 읽는 속도조차 빠르다.
- 국적기 탑승객의 대다수가 한국인이어서 승객은 대개 성격이 급한 편이다. 신속하게 요구 사항을 해결하지 못할 때에는 구체적인 설명과 사전 정보를 제공함으로써 이해를 구하고 서비스하는 것이 필요하다.
- 한국인의 서비스 기대치는 매우 높다. 인터넷 최강 국가에 걸맞게 불만이 생기면 신속히 고객 제언을 통해 회사로 불편 사항을 통보한다. 자국기를 이용한다는 것에 약간의 우월감을 가질 수도 있으며 기대치만큼 서비스를 받지 못한다고 생각하면 불만으로 이어지는 경우가 많다. 상대적으로 고가인 항공료에 상응하는 서비스를 원한다.

7) 중동

- 사우디아라비아인은 흔히 남자끼리 손을 잡고 걷는다.
- 술과 돼지고기는 법률로 금지되어 있다.
- 시간을 지키는 것이 전통적으로 미덕이라고는 여겨지지 않는다.
- 때와 장소에 따라 호칭을 달리하는 경우도 있다.
- 아랍 세계에서 왼손은 부정한 것으로 간주된다.
- 손님은 차려 준 음식을 많이 먹는 것이 주인에 대한 예의이다.
- 윗사람이 먼저 음식에 손을 대야 식사가 시작된다.
- 땅이나 마루 바닥에 앉아 식사할 때는 발바닥을 다른 사람에게 보이지 않도록 한다.
- 손님에 대한 접대는 커피나 차를 냄으로써 본격적으로 시작된다.

3. 항공기 내에서의 매너

© SpicyTraffel / iStock / Getty Images Plus

- 기내에 소지하고 들어간 짐은 좌석 밑이나 선반 위에 안전하게 놓고, 떨어질 위험이 있거나 깨지기 쉬운 물건은 반드시 좌석 밑에 보관한다.
- 장시간 비행 시 기내에서 간편한 옷차림이나 슬리퍼를 신어도 무방하지만 속옷만 걸치거나 양말을 벗지 않도록 한다. 정장을 입은 경우 편안하고 따뜻한 옷으로 갈아입는 것이 비행 피로를 줄이는 데 도움이 된다.
- 항공기 내에서는 큰소리로 잡담을 하거나 떠들어서 다른 승객에게 불쾌감을 주지 않도록 한다.
- 승객들이 취침 중일 때에는 일행과 떠들어서 다른 승객들의 취침을 방해하지 않도록 한다.
- 승무원에게 반말을 하거나 손을 흔들거나 큰소리로 부르거나, 승무원의 신체를 임의로 접촉하는 일체의 행위는 삼간다.
- 식사 서비스가 시작되면 좌석 등받이를 세워 뒷좌석 승객이 불편 없이 식사할 수 있도록 배려하고, 식사 서비스 중에는 좌석 이동을 삼간다.
- 일반적으로 도착 국가의 시간에 따라 식사 서비스가 제공되므로 시차 적응을 위해 양을 조절하여 먹는다.
- 기내에서 냄새가 심하게 나는 음식을 먹어 다른 승객에게 불쾌감을 주지 않도록 하고, 다른 반찬 등을 휴대할 때에는 외국인이나 다른 사람들에게 끼칠 불편을 고려하여 주의한다.
- 기내에서 음주할 때에는 평지와의 기압 차이로 평소보다 과음하게 되어 빨리 취하고 몸에 해로울 수 있으므로 주의한다.
- 항공기가 착륙 후 정지하면 승무원의 안내에 따라 앞 좌석 승객부터 차례로 내리되, 노약자나 어린이가 먼저 내릴 수 있도록 배려한다.
- 특히 항공기가 착륙하기도 전에 먼저 내리려고 안전벨트를 풀고 일어서거나 선반을 열고 짐을 챙겨 나오는 등의 행동은 위험하므로 각별히 유의한다.

4. 호텔 이용 매너

© dit26978 / iStock / Getty Images Plus

- 국내외 대부분의 호텔 객실은 열고 닫을 때 자동으로 문이 잠기기 때문에 잠시라도 객실을 나갈 때에는 객실 열쇠를 챙긴다. 외출할 때에는 분실 시 도난 위험이 있으므로 열쇠를 프론트에 맡긴다.
- 객실에 있을 때에는 안전 체인을 걸어 두고 방문을 함부로 열어 주지 않는다.
- 특히 동성끼리 같은 방을 이용하면 불필요한 오해를 받을 수 있으므로 유의한다(단, 업무 목적의 출장으로 사전 배정된 경우는 예외).
- 외국 호텔은 욕실 바닥이 물이 빠지지 않는 재질이나 배수구가 없는 구조로 되어 있을 수 있다. 샤워할 때에는 샤워 커튼을 욕조 안으로 넣어서 물이 욕조 밖으로 튀거나 넘치는 일이 없도록 한다.
- 욕실에 비치된 수건은 대략 대, 중, 소 세 종류이다. 몸에 감는 용도, 세안용, 손이나 발을 닦는 용도이다.
- 객실에서 컵라면이나 고추장, 된장국, 김치 등의 냄새를 풍겨서 다른 고객들에게 불쾌감을 주지 않도록 한다. 또 먹다 남은 음식을 세면대나 욕조에 버리는 일이 없도록 한다.

- 객실에서 여러 사람이 모여 큰소리로 떠들거나 밤늦게까지 술을 마시거나 화투, 카드놀이 등 타인에게 불쾌감을 주는 행위를 삼간다.
- 수건 같은 호텔 내 비품을 개인적으로 가져가지 않는다.
- 잠옷 차림으로 복도를 돌아다니지 않는다. 또 객실 문을 열어 놓은 채 출입하는 것도 매너가 아니다.
- 객실 청소를 희망하지 않거나 방해받고 싶지 않으면 'DO NOT DISTURB' TAG을 방문에 걸어 둔다.

참고문헌

김봉관(2019), 서비스전문가를 위한 고객서비스 경영, 대왕사

김선희 · 양정미 · 오민재(2021), 이미지 경영 기본서, 센게이지러닝

김성용(2010), Hospitality 서비스 경영전략, 기문사

박오성 · 박영식(2020), 고객만족을 위한 서비스 경영론, 한올출판사

원유석 · 이준재(2019), 서비스품질경영론, 대왕사

이서희(2022), 2023 에듀윌 CS 리더스 관리사 1주 끝장, 에듀윌

이유재(2022), 서비스마케팅, 학현사

이정학(2018), 서비스마케팅, 대왕사

이정학(2010), 서비스 경영, 기문사

정태연 · 김정준(2019), 고객만족을 위한 고객서비스 이해, 새로미

조영대(2020), 서비스경영, 한올출판사

칼 알브레히트(1992), 逆피라미드, 21세기북스

CS 리더스 관리연구소(2021), CS 리더스 관리사 한 권으로 끝내기, 시대고시기획

Heskett, James et al.(1994), "Putting the Service Profit Chain to Work", Harvard Business Review.

William B. Martin(2012), 고객 서비스 업무의 실제, 한올출판사

[인터넷 자료]

구글 www.google.com

국가직무능력표준 www.ncs.go.kr

대한항공 www.koreanair.com